党的创新理论体系化学理化研究文库

◆ 中国式现代化的上海样本研究 ◆

全过程人民民主

中国式民主的新探索

彭勃 等 著

上海人民出版社

编审委员会

序

　　理论的生命力在于创新。我们党的历史，就是一部不断推进马克思主义中国化时代化的历史，也是一部不断推进理论创新、进行理论创造的历史。新时代以来，党的理论创新取得重大成果，集中体现为习近平新时代中国特色社会主义思想。这一重要思想是当代中国马克思主义、二十一世纪马克思主义，是中华文化和中国精神的时代精华，实现了马克思主义中国化时代化新的飞跃。在这一科学理论的指引下，党和国家事业取得历史性成就、发生历史性变革，中华民族伟大复兴进入了不可逆转的历史进程。

　　习近平总书记深刻指出，"推进理论的体系化、学理化，是理论创新的内在要求和重要途径"。新征程上继续推进党的理论创新，要在体系化学理化上下功夫，从学术基础、实践导向、国际视野、历史维度等方面着力，深化对习近平新时代中国特色社会主义思想的研究阐释，这不仅是继续推进马克思主义中国化时代化的一项基础性、战略性工作，更是持续推动党的创新理论武装走深走实的必然要求。

　　上海是中国共产党的诞生地、改革开放的前沿阵地，也是马克思主义中国化时代化的实践高地，在党和国家工作全局中具有十分重要的地位。党的十八大以来，上海发展取得巨大成就，从"五个中心"建设、浦东打造社会主义现代化建设引领区、长三角一体化发展等重大国家战略深入推进，到新时代人民城市建设呈现日益蓬勃发展新局面，无不彰显着习近平新时代中国特色社会主义思想的真理力量和实践伟力。

上海市委高度重视党的创新理论武装，高度重视党的创新理论体系化学理化研究阐释，将思想铸魂、理论奠基作为上海建设习近平文化思想最佳实践地的引领性工程。上海理论社科界始终以高度政治自觉和学术担当，以回答中国之问、世界之问、人民之问、时代之问为己任，以"两个结合"为根本途径，高质量开展研究阐释，彰显了与伟大时代和伟大城市同频共振、同向同行的责任担当，形成了丰富研究成果。

为引领推动全市理论社科界深入开展党的创新理论研究阐释，持续推出原创性、有见地、高质量研究成果，上海市委宣传部组织开展了"党的创新理论体系化学理化研究文库"建设。具体编纂中，文库聚焦习近平新时代中国特色社会主义思想的"原理体系"和"上海实践"两大核心内容，既强化整体性系统性研究，又注重从不同领域深入阐释；既提炼、解读标识性概念，又加强重大现实问题研究；既运用各学科资源呈现理论学理深度，又立足上海实际反映实践厚度，从而形成体现历史逻辑、理论逻辑、实践逻辑相统一的研究成果。

实践发展未有穷期，党的理论创新永无止境。在以中国式现代化推进中华民族伟大复兴的新征程上，在上海加快建设具有世界影响力的社会主义现代化国际大都市的砥砺奋进中，实践发展为理论创新打开了广阔的空间，也对党的创新理论体系化学理化研究阐释提出了新的更高要求。衷心希望上海理论社科界始终坚持与时俱进的理论品格，秉持"思想精耕"的卓越匠心，深潜细研、守正创新，不懈探索实践，以更加丰硕的成果回应时代、回馈人民，为推进马克思主义中国化时代化作出新的更大贡献！

中共上海市委常委、宣传部部长　赵嘉鸣

2025 年 5 月

目录

前　言 ────────

2019 年 11 月，习近平总书记在上海考察时首次提出"人民民主是一种全过程的民主"的重大理念。五年多来，我们生活的这座城市始终着力践行全过程人民民主重大理念，把中国社会主义民主的精神和方法，编织到选举、协商、决策、管理和监督的全流程之中，将全过程人民民主融入城市治理现代化，逐步打造全过程人民民主理念的"最佳实践地"。

全过程人民民主是党的创新理论的重要发展，是对中国社会主义民主本质特征的关键表述。中国式现代化的进程承载着执政党"为人民谋幸福，为民族谋复兴"的初心使命，"人民城市人民建，人民城市为人民"，城市治理的出发点和根本目的都是为了人民和依靠人民。人民群众要真正成为城市主人，就必须切实参与城市关键决策和执行的全流程。

超大城市里的大事小事，林林总总又相互交织，牵一发而动全身。只有广泛了解和吸取民意，体察民情，才能见微知著，准确判断城市的发展路径。普通人的民间智慧、一线当事人的切身体验，时常能够直击裉节，解决难题。任何一项城市决策，时刻影响着千家万户，而城市居民千千万万，各色人等众口难调。只有让大家亲身参与到城市治理中来，充当自己这座城市的主人翁，才能真正提升人们对城市治理的理解、认同和支持。

全过程人民民主的创新实践如同散落的珍珠，分布在超大城市治理的各个领域和环节。本书作者通过挖掘整理典型案例，探究上海全过程人民民主实践发展的内在机理和运行规律。作者认为，上海在推进全过程人民民主的过程中，逐步形成了求新务实的工作风格与科学有效的工作体系。具体表现在以下几个方面。

第一，打造通向关键决策的"民意直通车"，充分实现人民群众当家作主的政治权利。

要达成真正的民主治理，公众参与不能局限于单一的投票环节。如果民众只能在人事任命中行使投票权，而无法在公共治理的各个重要决策环节中拥有持续的参与和影响能力，投票权将流于形式，难以体现民主治理的实质。广大人民群众要真正成为城市的主人，就必须切实影响和参与城市的关键决策和执行的全流程。五年以来，上海建立了 36 个基层立法联系点、5700 多个人大代表"家站点"、1280 多个政协委员"站室点"，形成人大代表、政协委员深入社会和联系群众的网络体系，建立了民意直通城市关键决策的快车。

"民意直通车"是人民群众参与公共决策的直接通道。基层立法联系点等平台的建立，将群众的声音直接传达到政府决策层，缩短民意传递的链条，为"问计于民""问需于民""问效于民"打通了脉络。在常规的民主机制之中，普通民众参与国家事务大多依靠间接方式，而"民意直通车"提供了直接参与的常态化表达渠道。这一机制的建立，为更广范围的人民群众提供了参与国家大事和城市重大决策的机会。民主权利不再局限于少数人或特定场合，而是形成了人民的需求、智慧与政府决策之间的直接互动。直接参与的机制，突破了层级和部门之间的壁垒，人民群众的诉求和呼声，能够原原本本、原汁原味地汇集到决策层，有效支撑起国家和城市决策的民主化和科学化。同样，这种创新机制还是"双向直通车"，不仅实现了民意自下而上的传达，同时，也实现了关键决策自上而下的贯通，实现了"从群众中来，到群众中去"，增强了人民群众对公共决策的理解和认同，切实增强了大家的主人翁意识。

"民意直通车"是人民群众参与公共决策的快捷通道。"民意直通车"不仅保障了民意的完整和有效传递，还大大提高了民众参与关键决策的时效性。在传统的民意传递过程中，需要通过多层级和多部门的流程，时常导致反馈的延宕，政策的响应效率不高，继而造成诸多误解和消极影响。通过"民意直通车"，民众的意见能够快速传递到有关部门，减少了中间环节的延误。特别是在一些"急难愁盼"的事务中，民众意见可以在最短时间内传达给政策制定者，使政府的决策更加贴近社会需求和实情，增强回应社会需求的能力。通过快捷通道，群众的合理诉求在更短时间内转化为政策行动，提高政策的响应速度和调整能力，对民众意见的回应就不再是空话。

"民意直通车"是公共决策精准反映人民群众需求的保障。在公共信息的流通过程中，往往会因层级与部门之间的传递而导致部分民众的意见被损耗弱化甚至屏蔽，从而影响决策回应的精准度。而"民意直通车"通过制度化设计，减少中间环节、确保民意的原本表达，避免信息流失和偏差，使政策制定者能够获得更真实、完整的民众意见，增强民意表达和政策回应的稳定度。高效的民意反馈机制保障了人民群众在公共事务中真正当家作主的权利。

第二，建立高效运转的工作平台，广泛、持续、深入地吸纳群众参与。

超大城市事务繁杂，单一或局部的参与方式难以确保民主治理的整体性和有效性。要实现全面的民主治理，仅仅依靠部分领域或特定群体的意见显然不够。广泛的参与机制，全方位倾听和吸纳不同群体的利益诉求，方能实现城市治理的公正与周全。

例如，上海十分重视人民建议工作的体系化、制度化和网络化建设。通过 1100 个人民建议征集点，收集群众意见，为群众参与公共事务提供了便捷渠道。已累计收到群众建议 35 万件，涵盖了城市治理的各个领域，形成了强有力的民意反馈系统。大大小小的人民建议反映了人民群众的真实需求和思想智慧，成为政府决策的重要依据。"人民建议征集"的工作机制，强化了群众参与的问题导向，将抽象的民意具象化和落实到一个个"金点子"之上。不仅增强了群众参与城市决策的积极性和准确性，也有效提升了政府回应群众诉求的敏锐性和聚焦度，继而提高政策的适应性和执行效果，真正实现问需于民和问计于民。

上海将"12345"市民服务热线作为工作抓手，高效回应人民群众的海量诉求，倒逼政府部门提高工作效率，充分保障人民群众参与权利。为了更好地回应市民反映的利益诉求和及时发现与处置各类问题，上海市建立了"12345"市民服务热线投诉问题的闭环解决机制，确立问题解决和人民满意的工作考核指标。"12345"市民服务热线建立总客服，实现"有诉必应、接诉即办"的高效处理机制，将"解决一件事"扩展到"解决一类事"，满足了更多市民的实际需求。热线每年受理 900 多万件市民诉求，2019 年年底以来，累计解决 4000 多万个问题，极大提升了政府的响应速度和处理效率，保障了广大人民群众的真实有效参与城市治理的应有权利。"一站式"的高效运转体系，将热线传递的每一个市民诉求，迅速转化为决策方案和治理行动。同时，对问题的快速反应和有效改进，也增强了市民对公共治理的信任度和满意度，形成了民主参与、政府回应和人民满意的良性循环。

第三，贴近人民群众生活，丰富"日常民主"的鲜活内容，让民主成为真实管用的治理机制。

城市治理的根本在于关注基层群众的日常生活状况，而民主治理的生命力又源于基层和社会生活。民主治理从基层群众的日常生活中出发，将群众需求纳入决策过程，不仅提高政策的适用性和执行效果，也增强了群众对政府工作的信任感。把民主作为一套"管用"的治理机制，使民主不仅看得见、摸得着，而且靠得住，广大群众有亲身体验，并依赖民主参与的方式来解决难题，是实现人民当家作主的核心。

上海的基层协商民主机制提供了群众广泛参与的路径和平台，使群众能够在民生事务上充分表达需求，确保政府政策能回应群众关切。上海在实施民生工程与民心工程的过程中，通过协商民主机制在政策的制定、实施过程中广泛听取群众的意见，优化决策和执行方案。基层协商民主使群众不仅能顺畅"参与"，还能有效影响"决策"，助推一批符合群众需求的民生实事工程落地。在社区卫生、教育资源配置等项目中，通过居民议事会和意见反馈，政府能够了解不同群体的真实诉求，确保政策实施和服务供给契合实情，满足群众多样化需求。

在城市建设改造的重要项目中，通过基层群众的协商民主机制，打造共建共治共享的城市治理共同体。上海在城市旧区改造、"一江一河"还岸于民、加装电梯、老养幼育等重点民生项目中，协商民主的决策方式得到广泛应用。通过组织居民参与项目的前期需求调研和方案设计，将改造项目与居民的实际需求紧密结合。协商民主让居民成为改造项目的参与者和决策者，不仅增强了项目的安全适应性和居民的满意度，也减少了项目实施过程中的潜在矛盾和阻力。双向互动使政策执行更加公开透明，在有效提升政府的公信力和社会认可度的同时，保障了人民群众参与决策、执行和享受城市发展红利的重要权益。

在关系到人民群众切身利益的重大事项中，上海充分发挥城市基层协商民主机制的存量优势，运用听证会、议事会、协调会的"三会"制度优势，用民主决策的方式，确保将最好的资源精准用于服务群众。在社区重大事务决策、利益冲突问题解决、社区公共设施建设等项目中，基层协商民主都是全过程人民民主的关键环节。首先，居民通过听证会、议事会、协调会等方式，不是将问题简单推给外部，而是出谋划策，协调聚集资源，躬身入局参与破解难题，显著提升主人翁意识。其次，基层协商民主也是积聚民间智慧的最佳方式，有助于为城市复杂性难题提出高效、实用、精准且富有韧性的解决方案。最后，协商民主的方式是汇总群众需求的有效手段，保障公共资源向人民群众最需要的地方精准投送，确保高质量的资源配置和优质服务的供给，增强人民群众的获得感、幸福感和安全感，将"以人民为中心"的理念落实到日常生活之中。

首先，全过程人民民主是一场双向奔赴的进程。既要有自上而下的顶层设计和统筹谋划，又要有自下而上源源不断的参与动能。既要有执政党坚强的领导和推动力，同时也要有来自基层丰富实践的有力支撑。既要保持政治上的正确方向，符合社会主义民主政治的科学规律，也离不开基层原汁原味的创新和社会的原生智慧。

其次，坚持效能性和建构性的结合。全过程人民民主具有重要治理效能。通过向人民问计和问需，民主机制能够打通关节，弥补缝隙，破解难题，提高有效破解难题和抵御风险的能力。同时，全过程人民民主在城市政治生态中还应当具备建构性功能。包括维护人民的基本民主权利、尊重民主制度的严肃与规范性、塑造人民群众城市治理主人翁意识等。全过程人民民主是"破"与"立"的统一，应避免将民主机制片面化和工具化，要将其破解功能与认同塑造功能融为一体。

再次，外在助推和内生驱动的合力。当前全过程人民民主的外在推动是显而易见的，党建引领下的制度赋能，多领域工作创新的机制赋能，以及科技手段的技术赋能，都将民主成长推上快车道。同时，民主是每个老百姓自己的事情，还需要有来源于基层、植根于社会的强劲发动机。民主参与的效能是增强内生动能的关键，应建立一个包含定期和动态评估的多层次评估机制，采用科学的评估方法，包括数据分析、案例研究、民意调查等，确保全过程人民民主效能评估的客观性和准确性。

最后，制度与文化的相互交融。全过程人民民主的制度建设需要民主文化的土壤。制度是民主治理内涵的外在形态，而文化则是滋养民主机制的生命之源。全过程人民民主可持续创新发展，需要抓紧文化建设。成熟的民主文化基础，应当是权利意识与公民责任的统一、利益意识觉醒与利他奉献精神的统一、直面问题的批评精神与理性共情能力的统一、自我认同与共同体意识的统一。

综上所述，上海的实践表明，坚持社会主义民主政治，是顺利实现中国式现代化的政治保障。好的民主一定是广泛、真实和管用的民主。全过程人民民主是超大城市治理的政治基石，也是加速城市治理创新发展的政治引擎。诚然，打造全过程人民民主"最佳实践地"的进程不可能一蹴而就，需要直面问题，久久为功。应继续坚持系统思维和辩证思维，将更多民主蓝图化为实际场景，从多点创新到全面开花。

第一章

全过程人民民主重大理念的首提地

2019年11月2日，习近平总书记在上海虹桥街道考察全国人大常委会法制工作委员会基层立法联系点时，首次提出"人民民主是一种全过程的民主"。习近平总书记指出："我们走的是一条中国特色社会主义政治发展道路，人民民主是一种全过程的民主，所有的重大立法决策都是依照程序、经过民主酝酿，通过科学决策、民主决策产生的。"[1]

上海是党的初心始发地、改革开放的前沿窗口，在推进中国式现代化中发挥龙头带动和示范引领作用。上海成为全过程人民民主首提地，是历史发展与当代实践的必然结果。

一、历史沿革：革命传统与上海城市精神

上海是党的诞生地、初心始发地、伟大建党精神孕育地。上海努力打造全过程人民民主的最佳实践地，是共产党执政为民宗旨的充分显现，也是新形势下不断探索创新，在中国式现代化进程中发挥龙头带动和示范引领作用的实际需要。

（一）特殊的历史地位

上海是中国共产党的诞生地，也是早期中央领导机构的所在地。

---

[1] 习近平：《坚持和完善人民代表大会制度　保障人民当家作主》，《求是》2024年第4期。

1920 年 8 月，中国共产党的第一个早期组织——上海共产党早期组织在黄浦江畔成立。1921 年 7 月 23 日，中国共产党第一次全国代表大会在上海召开，标志着中国共产党的正式成立。上海还先后举办了中国共产党第二次全国代表大会、第四次全国代表大会等八次中央重要会议。从 1921 年 7 月中国共产党成立到 1933 年初，其间除三次短暂迁离外，中共中央领导机关及各级机构都设在上海，前后将近 12 年。[1]

图 1-1　中共一大会址

上海是中国共产党统一战线的理论发祥地、政策提出地与实践始发地[2]，在党领导的统一战线史上具有特殊重要地位。中共二大在上海召开，通过了《关于"民主的联合战线"的议决案》，这是党关于

---

[1]　欧阳淞、周汉民、熊月之等：《从联合走向胜利：纪念中共二大提出统一战线政策百年学术研讨会观点纪要》，《上海市社会主义学院学报》2022 年第 5 期。

[2]　肖存良：《上海在中国共产党统一战线发端中的历史定位》，《上海党史与党建》2022 年第 4 期。

统一战线的第一个专门文件，对推动中国革命的发展有着重大的意义[1]，为建立民主联合战线奠定了思想理论基础[2]。

上海是党领导的爱国民主运动的主要堡垒，是毛泽东同志曾给予充分肯定并向全国推广的县级地方人民政协制度的首创地，在人民政协史上具有重要意义。抗战胜利后，上海成为爱国民主人士活动的中心，我国 8 个民主党派中，有 2 个诞生在上海，即中国民主促进会、中国农工民主党。党在上海团结联合广大工农群众、知识分子、民主党派和爱国人士，开展各种争取民主的运动，为推翻国民党反动统治作出了重要贡献。新中国成立后，上海成为人民政协工作的重镇，为推进协商民主建设、服务城市发展作出了重要贡献。

（二）开放与发展的前沿窗口

上海是改革开放的前沿阵地、世界观察中国的重要窗口。承担着"更好向世界展示中国式现代化的光明前景"历史使命；肩负着加快建设具有世界影响力的社会主义现代化国际大都市、奋力当好全面建设社会主义现代化国家排头兵的重任。[3]

上海的包容开放与高速发展不仅带来了经济繁荣，也催生了社会治理与民主参与的新需求。上海在经济建设中不断推进民主事业。自新中国成立之后，上海市政协始终秉持团结与民主两大核心主题，深入探索协商民主建设的新思路、新举措，提出了众多对经济社会发展具有重大影响的提案、意见和建议，1981 年市政协委员提出的《请积极准备建立浦东新区，建设成为新型国际城市楷模》的提案，对浦东

---

[1] 中共中央党史研究室：《中国共产党历史》第一卷（1921—1949）上册，中共党史出版社 2011 年版，第 81 页。

[2] 欧阳淞、周汉民、熊月之等：《从联合走向胜利：纪念中共二大提出统一战线政策百年学术研讨会观点纪要》，《上海市社会主义学院学报》2022 年第 5 期。

[3] 《市政协十四届一次会议决议》，《解放日报》2023 年 1 月 15 日。

的开发开放产生了深远影响。

改革开放以来，上海对外经济联系不断扩大，"五个中心"（国际经济中心、金融中心、贸易中心、航运中心、科技创新中心）建设加快推进，长三角一体化发展全面深化。2020 年，上海国际经济、金融、贸易、航运中心已基本建成，国际科技创新中心已经形成基本框架，全球影响力不断增强。2022 年全市生产总值达 4.47 万亿元，人均生产总值超 18 万元，达到中等发达经济体水平，国际经济中心体量规模初显。上海金融市场交易总额达到 2933 万亿元，新增首发募资额8387 亿元，位居全球第二，上海期货交易所成交规模多年来位居世界前列，成为全球第三大期货交易市场，国际金融中心建设取得实质性进展。到 2024 年，上海已连续成功举办七届进博会，特别是 2024年第七届进博会规模达到了历史性的新高，意向成交金额超 800 亿美元，汇聚世界 500 强和行业龙头企业 297 家。[1]

（三）丰富的民主法治建设经验

在现代政治体系中，民主与法治呈现辩证统一关系。民主政治通过代议机制与公民参与赋予法治体系合法性基础，而法治则通过规范化的程序性框架为民主运行提供制度性约束。习近平总书记在党的二十大报告中对发展全过程人民民主、推进法治中国建设指明方向路径、作出战略部署。"人民民主是社会主义的生命，是全面建设社会主义现代化国家的应有之义。全过程人民民主是社会主义民主政治的本质属性，是最广泛、最真实、最管用的民主。""在法治轨道上全面建设社会主义现代化国家。"良好的法治能有效保证民主运行机制的正常运转，民主实践的经验又能推动法治的完善。上海在民主法治建设

---

[1]《第七届进博会意向金额 800.1 亿美元，比上届增长 2%》，人民网—上海频道，2024 年11 月 12 日。

和推动市民参与城市治理方面积累了丰富经验。

上海在基层民主与协商实践的创新方面走在前列。上海是县级人民政协制度的首创地。1949年松江各界人民代表会议的成功召开，后被推广至全国，成为基层民主建设的典范。1949年12月，上海成立首个居民自治组织——宝兴里居民福利委员会，开创了城市基层群众自治的先河。其总结的"五心"精神（初心、耐心、细心、贴心、责任心）和"十法"群众工作法（如"一线工作法""经常联系法"），为人民民主在城市基层落地提供重要保障，成为基层民主实践的重要方法论。改革开放后，上海更涌现出黄浦区"三会"制度、浦东华夏社区协商式治理、嘉定区社区共营实践与宝山区"社区通"平台等创新模式。基层立法联系点是全过程人民民主的一个体现，为人民直接参与地方立法提供了平台。[1] 2015年，全国人大常委会法工委第一个设在街道的基层立法联系点在上海长宁区虹桥街道办事处成立，成为人民群众参与立法的重要平台，被称为"立法直通车"。截至2024年年底，全市设立政协委员工作站235个，界别委员工作室47个，覆盖全市所有街镇和界别。

上海在地方立法上先行先试。在社区自治方面，2017年4月20日，由上海市人大常委会审议并通过《上海市居民委员会工作条例》，明确居委会"组织居民开展自治活动"的法定职责，规定社区重大事项须经听证会、协调会、评议会，也是将20世纪90年代末诞生于上海市原卢湾区五里桥街道的"三会制度"写入了正式的工作条例中，推动居民委员会自治向制度化、规范化、程序化方向发展。2015年，上海市松江区就出台了《关于在全区推进村（居）法律顾问工作的实

---

[1] 参见佟德志：《全面发展全过程人民民主》，中国人民大学出版社2006年版，第5—8页。

施意见》，在一村一居一律师工作方面走在全市前列。在经济民主发展方面，上海金融法院于2019年1月出台全国首个证券纠纷示范判决机制规定。上海于2014年开始探索建设的人大代表"家站点"（代表之家、代表联络站、代表联系点）体系，将代表履职延伸至社区，推动人大代表与群众"面对面"交流。为了加强制度规范，上海市人大常委会制定《关于加强和规范人大代表联系人民群众平台建设的指导意见》和《人大代表联系人民群众平台绩效评价工作办法》等相关规定，推动人大代表"家站点"制度化规范化建设。出台《上海市集体合同条例》，规定企业必须就劳动报酬、工作时间、安全卫生等事项与职工协商，并规范协商代表产生程序。2024年，上海市人大通过《上海市促进浦东新区商事调解规定》等4部法规，为全国首创。立法过程中通过基层立法联系点征集并采纳民意。

图1-2　上海市第一个居民委员会：宝兴里居民福利委员会

　　上海在推动市民参与城市治理方面进行了多项创新探索。2011年10月，上海市成立人民建议征集处，专门负责梳理分析群众意见建议。在民主立法方面，在《上海市生活垃圾管理条例》的立法进程中，市人大积极践行民主立法原则，通过多种方式广泛征集市民意见。具体而言，市人大累计听取了近 2 万人次市民的意见和建议，发放调查问卷 3 万余份，以全面了解市民对于生活垃圾管理的看法和需求。此外，市人大还组织了 150 余位市人大代表参与立法实地调研，并举办代表论坛，深入探讨相关问题。通过这些举措，市人大将市民的需求、呼声、意见和建议充分吸纳并转化为具体的法律条文。

二、理论意义：中国式民主的创新样本

全过程人民民主不仅是中国共产党治国理政的重要方略，也是实现中国式现代化的必然选择。它体现了党的初心使命，超越了西方民主的局限，为中国式现代化提供了坚实的制度保障和强大的动力支持。[1]上海是中国的经济中心之一和国际化大都市，其在全过程人民民主实践中的成功经验具有很强的示范效应。通过不断完善民主实践和创新治理方式，上海为全国其他地区提供了可复制、可推广的宝贵经验。这种示范作用不仅推动了上海自身的发展，也为全国推进中国式现代化提供了重要的参考。

（一）共产党治国理政的初心使命

中国共产党自诞生之日起，就以实现人民当家作主为己任。全过程人民民主是坚持党的本质属性、践行党的根本宗旨的必然要求。习近平总书记指出："没有民主就没有社会主义，就没有社会主义的现代化，就没有中华民族伟大复兴。"[2]全过程人民民主是党长期探索民

---

[1] 王江伟：《"全过程人民民主"的实践形态：结构要素与生成机制》，《求实》2021 年第 5 期。

[2] 习近平：《在庆祝全国人民代表大会成立 60 周年大会上的讲话》，《人民日报》2014 年 9 月 6 日。

主理论和实践创新的结晶，体现了党对人民民主的不懈追求。通过发展全过程人民民主，党能够更好地凝聚民心、维护社会公平正义，推动社会主义现代化建设。

党的领导是全过程人民民主的"定盘星"。中国共产党的领导是中国特色社会主义最本质的特征，也是全过程人民民主顺利推进的根本政治保证。党的领导让民主实践拥有了明确的方向和强大的组织能力。一是定方向，确保民主不偏航。西方的"自由民主"往往因政党轮替、政策摇摆而陷入"效率低下"的困境。在我国，共产党的领导确保了民主始终围绕国家长远发展和人民福祉展开。全过程人民民主的提出，正是在党的领导下，从人民实际需求出发的制度设计，让民主不流于形式、不迷失方向。[1]例如，在城市更新、乡村振兴等重大政策中，党组织发挥了主心骨作用，通过广泛的民意调研、协商参与和政策协调，将人民的利益与国家的发展目标紧密结合。二是强组织，让民主更高效。党的领导让全过程人民民主不仅"想得通"，更"办得成"。从基层党组织到中央，党的组织能力贯穿全过程人民民主的每一个环节，确保了民主决策的落地实施。在基层协商中，党组织能够快速动员社区力量，组织居民议事会，平衡多方利益，让决策更具执行力。这种高效组织力让全过程人民民主不仅有制度设计，更有实践成效。

全过程人民民主将党的初心与人民意志融为一体。全过程人民民主的核心是"人民当家作主"，而中国共产党的根本宗旨正是"全心全意为人民服务"。这一宗旨通过全过程人民民主得以全面落地。党的领导通过全过程人民民主有利于实现从"代表人民"到"服务人

---

[1] 张明军：《全过程人民民主的价值、特征及实现逻辑》，《思想理论教育》2021年第9期。

民"的跃升。它不仅让党能够倾听民意，更通过制度化的方式回应民意，将党的政策转化为人民看得见、摸得着的实惠，"人民建议征集"机制就是生动的例子。全过程人民民主的每一次协商、每一次表决，都是党的初心在实践中的体现。从脱贫攻坚到共同富裕、从教育医疗到住房保障，党的每一项政策都以人民为中心，而全过程人民民主则让这些政策更具人民性、更有温度。

党的领导凝聚社会共识，形成强大治理合力。西式民主的一个弊端是社会分裂和党派对立。而全过程人民民主在党的领导下，通过协商机制将不同群体的意见整合起来，形成社会共识，为国家治理提供了强大的合力。西方民主中，政党对立常常导致治理效率低下，而全过程人民民主通过协商民主化解了这一问题。在党的领导下，协商不仅是利益的表达，更是共识的达成。党的领导确保了全过程人民民主能在"共建共治共享"中充分发挥作用。[1]党组织在基层中发挥桥梁作用，既连接了政府与群众，也推动了社会各界力量的协同治理。社区治理、环境保护、公共服务等领域的实践表明，党的领导让民主不仅有方向感，更有行动力。

党领导全过程人民民主提升治理效能，展现"中国式民主"的独特优势。中国共产党领导下的全过程人民民主，不仅展现了民主的广泛性，还通过制度设计与实践，让民主成为提升治理效能的重要工具。[2]西方"多数决"的民主模式，常常因为追求选票而陷入民粹化，导致短视决策。而我国通过党的领导确保全过程人民民主始终保持科学性和长远性。全过程人民民主强调从决策到监督的全过程参与，而

[1] 王红艳：《党的领导：发展全过程人民民主的根本政治保证》，《探索》2022年第3期。
[2] 唐皇凤：《新时代中国共产党发展全过程人民民主的理论创新和实践进展》，《新疆师范大学学报》（哲学社会科学版）2022年第5期。

党的领导确保了这一机制的有效运转。[1] 全过程人民民主在上海的实践不仅对中国自身的民主政治发展具有重要意义，也为全球民主化进程提供了重要的启示。全过程人民民主强调民主的多样性，认为不同国家和地区应根据自身的历史、文化和社会背景，探索适合自己的民主道路。在全球范围内，许多国家和地区面临着民主转型的挑战。上海的成功经验表明，民主的实现形式可以是多样的，不一定非要照搬西方的模式。通过推广全过程人民民主的理念和实践，可以为其他国家和地区提供新的思路和方法，推动全球民主化进程朝着更加包容、多样和有效的方向发展。

（二）中国式现代化的政治基石

全过程人民民主与中国式现代化的历史轨迹紧密相连，二者相互促进、相辅相成。全过程人民民主是中国式现代化在政治领域的集中体现，通过保障人民当家作主，推动了经济、政治、文化、社会和生态文明的全面发展。

首先，发展全过程人民民主是新形势下中国式现代化发展的需要。我国正站在全面深化改革的新起点上，构建高水平社会主义市场经济体制、推动高质量发展是核心目标。改革涉及利益调整，容易引发不同群体的诉求冲突。全过程人民民主为破解这一难题提供了关键路径。[2] 例如，杨浦区江浦路街道曾举行老旧小区合并的民主讨论会，市、区人大代表，居民和专家共同商讨涉及 3220 余户居民的合并事宜。这种民主协商模式让各方充分表达意见，确保政策制定更加科学精准，有效减少了误解和对立，使改革从"政府独奏"变为"全民

---

[1] 程竹汝：《论全过程人民民主的制度之基》，《中共中央党校（国家行政学院）学报》2021 年第 6 期。

[2] 蒯正明：《全过程人民民主对人类政治文明的新贡献》，《马克思主义研究》2021 年第 9 期。

合唱",为改革注入了强劲的民意动力,让政策更加接地气、稳人心,有利于推动中国式现代化向前迈进。发展全过程人民民主是中国式现代化的本质要求。上海通过民主实践,将人民的智慧和力量汇聚到城市发展的各个环节,推动了经济、社会和治理的高质量发展。上海市人大常委会已经制定颁布18部浦东新区法规,支撑浦东新区"立法试验田"大胆创新,有利于为上海实现中国式现代化提供法治保障。

其次,发展全过程人民民主有助于为更好实现人民当家作主提供强大保障。全过程人民民主强调人民的广泛参与和全面保障。全过程人民民主的提出和发展,深刻回应了人民群众对民主权利的更高期待,而上海作为首提地,通过一系列创新实践,为人民当家作主提供了更加具体、更加全面的制度保障和实践路径。上海通过"人民城市·人人议事厅""社区通"等平台,让人民在城市治理中真正实现"我参与、我决定",从社区事务到城市立法,人民都能直接表达意见并参与决策。这种实践不仅提升了人民的获得感和幸福感,还为人民当家作主提供了制度保障。

再次,发展全过程人民民主有利于丰富和发展中国特色社会主义民主理论。上海作为世界观察中国的重要窗口,其全过程人民民主的实践不仅在国内具有示范意义,也为全球民主治理展现了中国方案。[1] 通过展示全过程人民民主的制度优势和治理效能,上海向世界证明了中国特色社会主义民主的科学性和有效性。上海通过一系列创新实践,如基层立法联系点等,将民主理念贯穿于立法、决策、治理的全过程。这种实践不仅丰富了社会主义民主的内涵,还为中国特色社会主义民主理论提供了鲜活的实践样本。全过程人民民主与西方

---

[1] 董树彬:《全过程人民民主的特色与优势》,《马克思主义研究》2021年第12期。

民主的本质区别在于，它不仅是选举民主，更包括协商民主、社会民主、基层民主等民主政治的全部要素。上海的实践表明，这种民主形式能够有效解决实际问题，增进社会和谐，提升治理效能。比如上海的居民可以通过"社区通"等平台实时监督社区事务，参与社区治理，这种实践生动诠释了中国式民主的优越性。

（三）西方民主的困境与中国政治发展道路

全过程人民民主超越了西方民主困境，为人类政治文明提供新范式。[1]相较于西方选举民主暴露的资本操控等问题，中国民主以"五个能否"为实质标准。西方民主模式在实践中暴露出诸多问题，如"民主赤字""民主失色""民主过剩"以及"民主超速"等，导致政治动荡和社会不稳定。相比之下，全过程人民民主立足中国国情，强调人民当家作主，避免了西方民主的短视性和资本操控性。中国共产党通过发展全过程人民民主，走出了一条符合中国历史文化传统和具体国情的民主发展道路，为其他国家探索适合本国国情的民主模式提供了有益借鉴。同时，我国全过程人民民主的理论与实践为国际民主话语体系作出了重要贡献。体现为以下三点：

一是超越西方"投票箱式民主"，让民主贯穿公共治理全过程。西方民主常被称为"投票箱民主"，选举后却少有关心人民的实际需求。全过程人民民主则打破了这一局限，不仅强调投票的重要性，更强调"全过程参与"。人民不仅在选举中"投一票"，还可以在协商中"讲一讲"、在监督中"看一看"、在执行中"查一查"。这种全方位的参与，让人民的声音在民主治理中无处不在。全过程人民民主在上海的实践中，市民不仅可以在社区事务中畅所欲言，还能通过数字化平

[1] 蒯正明：《全过程人民民主对人类政治文明的新贡献》，《马克思主义研究》2021年第9期。

台提出对城市治理的建议。你今天提交的建议,明天可能就会被政府采纳,并迅速转化为实际行动。这种"人民声音直通政府"的模式,显然比那些"选举后无人问津"的自由民主更具温度和效果。

二是推动民主从"碎片化"走向"全景式",实现民主实践的全链条、全方位、全覆盖。西方自由民主往往只关注决策权的分配,而忽视了政策执行和监督过程中的民主参与。这种碎片化的民主模式,不仅难以调和社会矛盾,还容易导致决策与执行脱节。而全过程人民民主则以其"全过程覆盖"的特点,展现了民主实践新的可能性。以上海的基层治理为例,社区协商不仅涉及决策,还贯穿执行和监督全过程。比如,小区的停车位分配方案,不仅需要通过居民听证会协商,还在执行过程中接受居民的监督和反馈。这种从头到尾的"全景式民主",显然比碎片化的西方式民主更能回应人民的实际需求,也更能解决现实问题。[1]

三是树立"以人民为中心"的政治实践榜样,破除西方国家利益集团操纵民主过程的弊端。全过程人民民主的核心在于"以人民为中心",而非将民主作为权力争斗的工具。"一个国家是不是民主,应该由这个国家的人民来评判,而不应该由外部少数人指手画脚来评判。"[2]在国际社会,西式民主因其"多数暴政""资本操控"等弊病,常常引发社会分裂甚至政治动荡。而全过程人民民主以协商共治、和谐共赢为目标,不仅减少了社会冲突,还增强了人民对治理的满意度。[3]在全球治理面临困局的今天,全过程人民民主提供了一种新的民主模式,它证明,民主不是一种"装饰",而是一种能真正改变人

[1] 张爱军:《全过程人民民主与民心政治》,《党政研究》2021年第1期。
[2] 中华人民共和国国务院新闻办公室:《中国的民主》,人民出版社2021年版,第3页。
[3] 林毅:《重塑民主:全过程人民民主对西方民主的超越》,《探索》2022年第2期。

民生活、促进社会进步的实践方式。这种以实际成果为导向的民主，不仅为我国赢得了尊重，也为那些对西式民主感到失望的国家和地区提供了希望。

三、实践价值：超大城市治理现代化的政治基石

全过程人民民主与城市治理现代化相互促进、相辅相成。全过程人民民主的"全链条、全方位、全覆盖"特点，能够有效匹配城市治理的复杂系统性特征，推动城市治理从传统模式向现代化转型。全过程人民民主的实践价值，在于其通过制度化、常态化的民主机制将民生需求精准转化为政策行动，有利于实现民生问题解决与民主效能提升的有机统一。

（一）用民主的方法解决民生问题

全过程人民民主不仅是一种政治理念，更是一种治理实践，它通过广泛、深入的民主参与，推动公共政策制定的科学化、民主化，使治理更加精准有效，同时促进社会公平正义。在这一过程中，民主不仅仅是选举和表决，而且贯穿于政策制定、执行和监督全过程，最终实现用民主的方法解决民生问题。

1. 保障人民的广泛参与权，增强公共治理的支持度

全过程人民民主强调人民的广泛参与，这种参与不仅发生在选举时，更体现在日常治理的全过程中。对于民生问题而言，政策如果缺乏公众的认同和接受，就容易遭遇执行阻力，而全过程人民民主恰恰能够通过广泛的人民参与来提升政策的合法性和接受度。[1] 在公共决

---

[1] 程同顺：《全过程人民民主的制度安排、民主实践和治理效能》，《党政研究》2022 年第 2 期。

策过程中，需要广泛听取人民意见，尤其是受影响群体的声音，能确保政策更符合人民需求。

一是扩大人民参与度，增强人民的认同感。通过全过程人民民主，人民的参与不仅限于选举投票，还包括政策的制定、实施和监督等多个环节。上海推行的"人民建议征集"机制，鼓励市民、社会组织和专家提出政策建议。这不仅让政策的制定更加贴近人民需求，也增强了政策的民主基础。例如，在老旧小区加装电梯、垃圾分类等问题上，政府通过人民建议征集广泛征求意见，使政策更容易被接受，减少社会矛盾。并且在决策时考虑到人民需求，避免政策的单一化。这种民主的参与机制能够让人民感受到自己的声音被听见，增强对政府和政策的认同感和支持。"基层民主越健全，社会越和谐。"[1]人民的参与会让决策更"接地气"，在上海一些小区的微更新项目中，居民会提前参与规划、提出建议，甚至参与到施工的监督中，确保项目在实施时符合他们的实际需求。这种"接地气"的决策方式，彻底避免了过去那种"高高在上"的决策模式，有利于真正解决人民关心的"最后一米"问题。

二是增强政府施政的支持度，提高政策执行效率。全过程人民民主能够创造一个完整的"治理闭环"。就是决策、执行、反馈、调整四个环节的无缝衔接，确保每一项政策从制定到实施再到反馈环节之间有效衔接，并在每一个环节得到优化。闭环建设不仅仅是形式上的完整，而是确保每一项政策的实际效果和人民需求紧密对接。例如在社区智慧管理中，政府不仅仅考虑如何推进技术化、智能化，更注重如何通过数据平台实时收集人民的反馈，以便及时调整和优化服务。

---

[1]《习近平：基层民主越健全，社会越和谐》，《党政干部文摘》2006年第11期。

这一完整的"治理闭环"让上海的城市治理不仅高效，而且具有很强的适应性。即便在复杂多变的社会环境中，政策执行依然能保持高效有序，充分体现了"全过程人民民主"在实践中的强大生命力。

三是增加政策接受度，夯实社会稳定基础。由于政策的形成过程中有人民的广泛参与和意见反馈，人民对政策的认同感增强，社会矛盾的激化和对政策执行的抵制大大减少。在民生问题上，人民的积极参与让政策更加贴近实际需求，执行效果更加理想。[1] 全过程人民民主是一个"共治共享"的故事。它不仅让政府成为治理的主导力量，还让社会组织、企业和市民一起加入城市治理的"大合唱"中。上海的社区会定期举行"社区议事会"，居民可以直接参与到社区建设的讨论中，甚至提出社区改进的具体方案。这种共治模式真正实现了"大家的事，大家商量着办"。这种共治的模式不仅有利于解决过去"政府一手包办"的问题，也使得居民对社区事务有更多的参与权和决策权。

2. 提升公共治理精准度，使民主成为政策优化的工具

全过程人民民主不仅仅是表达诉求，更是为了提升政策精准性和服务有效性。它强调政府决策要基于充分的民意收集和科学分析，确保政策制定与执行更符合社会实际需求，避免"拍脑袋决策"或"一刀切"管理方式。全过程人民民主在上海的实践表明，民主参与不是治理效率的"减速带"，而是政策优化的"加速器"。

一是精准呼应人民需求，避免政策盲目性。通过全过程人民民主，政策制定者能够广泛吸纳各界人民的意见和建议，从而减少因信息不对称而导致的政策偏差。全过程人民民主强调"有事好商量"，

---

[1] 桑玉成：《拓展全过程民主的发展空间》，《探索与争鸣》2020 年第 12 期。

使民生问题得到针对性的解决。人民的参与能够帮助政府识别更广泛的社会问题，提出多样化的解决方案。比如，在上海的旧改项目中，政府通过"民主听证会""社区议事厅"等方式，征求居民意见，针对居民诉求优化改造方案，避免了传统上政府"一言堂"决策导致的矛盾。在医疗、教育、养老等领域，民主参与提升了服务供给的精准性。上海在社区养老服务体系建设中，通过政府、社会组织、居民的共同讨论，打造了"家门口的养老"服务，使不同经济水平、身体状况的老年人都能获得适合的照护方案。

二是达成持续反馈，优化政策执行。民主环境中的信息反馈机制能让政府及时了解政策执行过程中存在的问题，迅速调整改进。在政策实施过程中，政府需要通过人大代表视察、政协民主监督、社会公众反馈等方式不断优化调整。全过程人民民主借助数字技术，构建了实时反馈机制。[1]上海通过"12345"热线、社区议事会、人民建议征集平台、"一网通办""一网统管"等数字平台允许市民随时提出改进建议，使得地铁、公交、教育等公共服务政策能动态调整。全过程人民民主通过民意反馈机制，有助于确保政策灵活性，能够有效避免政策制定后"僵化"的问题，确保政策执行的长期有效性。

三是提高政策响应速度，增强治理能力。人民的参与不仅限于政策设计阶段，还包括政策评估和后续调整。政府通过协商平台和民意收集机制，能够在政策实施过程中及时发现问题并作出快速响应。上海市通过"人民建议征集"平台，将人民的建议直接转化为政策参考，大大缩短了政策响应时间。这种快速响应机制使得政策能够及时解决人民的"急难愁盼"问题，增强了政策的时效性。上海通过"社

---

[1] 佟德志：《全面发展全过程人民民主》，中国人民大学出版社 2006 年版，第 48—49 页。

区通"等平台，将政策落实到社区层面，确保政策能够及时解决基层问题。这种基层治理机制不仅有助于提高政策的落实速度，还能够增强政策的针对性。上海借助数字技术，构建了高效治理机制。通过大数据、人工智能等技术手段，政府部门能够快速收集和分析民意，及时调整政策方向。[1] 这种数字技术不仅有利于提高政策响应速度，还可以增强治理的科学性和精准性。

3. 运用民主的制度与程序保障，实现社会公平正义

民生问题通常直接与社会公平、社会福利以及资源分配等议题挂钩。民主方法强调公民的平等权利和机会，能够避免政策过度偏向某一特定群体的利益，从而促进社会公平正义。全过程人民民主不仅仅关心治理效率，而且更关注社会公平正义，确保社会资源的合理分配，使弱势群体的需求得到关注，从而减少贫富差距和社会不公。

公平配置资源，保护弱势群体利益。民生问题的解决离不开公平的资源分配。全过程人民民主通过确保人民的广泛参与，有利于实现资源的公平分配。通过民主程序，人民能够直接参与资源分配的决策过程，确保资源分配更加公平合理。在基层社区，通过居民议事会、社区听证会等形式，居民可以就社区资源分配问题进行讨论和决策。这种民主参与机制不仅提高了资源分配的透明度，还增强了资源分配的公平性。全过程人民民主通过制度设计，有利于确保弱势群体的声音能够被听见。我国的人民代表大会制度通过基层立法联系点等，为弱势群体提供了表达诉求的平台。通过这些平台，弱势群体能够直接向立法机关反映问题，推动政策的调整和完善。上海作为全过程人民民主的首提地，通过多种创新实践，推动资源分配的公平性。杨浦区

---

[1] 孟天广、李锋：《网络空间的政治互动：公民诉求与政府回应性——基于全国性网络问政平台的大数据分析》，《清华大学学报》（哲学社会科学版）2015 年第 3 期。

的"人民城市·人人议事厅"平台，让居民能够直接参与社区资源分配的决策过程。通过这种平台，弱势群体能够表达自己的需求，推动社区资源向他们倾斜。

破解社会不平等，推动社会正义。通过民主参与和协商，政府能够了解各阶层、各群体的真实需求，避免在政策制定时忽视弱势群体。全过程人民民主通过民主协商机制，解决社会不平等问题。在政策制定过程中，广泛征求意见、专家论证、社会公示等方式，有利于确保政策能够充分反映不同群体的利益诉求。这种协商机制不仅提高了政策的科学性，还增强了政策的公平性。全过程人民民主通过社会参与机制，推动社会正义的实现。通过社会组织、志愿者团体等的参与，弱势群体能够获得更多支持，社会不平等问题得到有效缓解。上海通过多种创新实践，推动社会正义的实现。上海通过"人民建议征集"平台，广泛收集市民对存在的问题的意见和建议。通过这种平台，弱势群体能够表达自己的诉求，推动政策的调整和完善。此外，上海通过"社区通"等平台，拓宽了居民参与社区治理的渠道，让社会正义在基层得以实现。

确保政策公平，构建和谐社会。人民的广泛参与使得政策设计能够从更多角度进行考量，避免出现政策偏向某一特定群体或阶层的情况。民主程序通过让所有社会成员都参与到治理中来，减少了社会的对立和矛盾，促进了社会的和谐稳定。通过广泛的意见征集和民主协商，确保政策不仅符合多数人的利益，还能在执行过程中得到各方支持。比如，上海在推动垃圾分类政策时，通过开放式的讨论、问卷调查和公众教育等方式，提高了群众的参与感和认同度，政策顺利执行，减少了群众的抵触情绪。全过程人民民主通过民主决策机制，有利于确保政策制定过程充分整合民意。政策制定不再是少数人的"闭门造车"，而是通过广泛的民意征集和科学论证，形成符合大多数群众利益的决策。

强化社会监督，促进公正司法。民主机制中的权力制衡和分立原则有助于防止少数群体或利益集团利用权力谋取私利，造成社会不公平。全过程人民民主不仅体现在政策制定，还体现在司法监督上。上海法院推行"阳光司法"，通过庭审直播、司法公开听证等方式，让公众可以监督司法判决，提升司法公正性，防止权力滥用。全过程人民民主通过民主监督机制，有利于确保司法过程的公正性。通过人大监督、社会监督、舆论监督等多种方式，人民能够对司法过程进行监督，确保司法公正。人大通过执法检查、专题询问等方式，对司法机关的工作进行监督，及时发现并纠正司法过程中的问题。全过程人民民主还通过社会参与机制，增强司法公信力。通过人民陪审员制度、司法公开等方式，人民能够直接参与司法过程，增强对司法的信任。

（二）用协商的方法解决治理难题

在中国的治理实践中，尤其是上海等超大城市，通过全过程人民民主，使协商成为一个重要手段，汇民智、集民力、聚民心，为复杂的社会问题提供了更为合理和有效的解决方案。全过程人民民主能够广泛凝聚社会共识，找到全社会意愿和要求的"最大公约数"，为城市治理提供强大的社会支持。[1]上海在城市治理中坚持"众人的事情由众人商量"，通过民主协商和民主监督，解决民生问题和治理难题，有利于实现民事民议、民事民办、民事民管。这种民主实践不仅凝聚了社会共识，还增强了市民对城市治理的认同感和归属感。

---

[1] 樊鹏：《全过程人民民主：具有显著制度优势的高质量民主》，《政治学研究》2021年第4期。

1. 汇民智：寻找最佳政策定位

全过程人民民主通过协商的方式，广泛吸纳各界的意见和智慧，有助于找出最合适的政策定位，避免政策的单一性和片面性，从而提高政策的可行性和实际效果。全过程人民民主通过广泛的协商和决策参与，使得每个社会成员都能够在治理过程中表达自己的意见与诉求，进而有利于实现"人民主权"的根本政治理念。这不仅提高了政策的合理性，更增强了治理过程的合法性。[1]全过程人民民主通过创新民意归集机制，将民主贯穿于城市治理的全过程，确保人民在城市治理中的主体地位。上海通过人民建议征集工作互动网络，广纳民意、广采民智，使人民群众的意志得以贯彻。这种民主实践不仅可以提升城市治理的人民性，还有利于增强市民的参与感和获得感。

增进多元参与，反映人民需求。协商机制让不同社会群体的声音得以充分表达，确保政策制定能够最大限度地反映社会的多样性和复杂性。全过程人民民主强调广泛参与和民主协商，上海通过多种机制和平台，实现了多元主体的深度参与，确保人民需求能够被充分反映。[2]各类利益群体、专业人士、基层代表、政府机关等都参与其中，既能确保政策的全面性，又能精准解决人民的实际需求。在推动"15分钟社区生活圈"时，政府通过与居民、社区组织、企业及专家的多方对话，充分了解不同群体的需求，从而制定出适应性强的政策。上海通过设立政协委员工作站、界别委员工作室和联系服务群众联系点，将协商平台延伸到基层。长宁区虹桥街道的全过程人民民主实践点，通过组织政协委员、社区居民、企业代表等多方主体共同参与协

[1]　张君：《全过程人民民主：新时代人民民主的新形态》，《政治学研究》2021年第4期。

[2]　陈周旺：《全方位民主：中国特色社会主义民主的理论体系与制度选择》，《学术月刊》2020年第2期。

商议事，解决了社区治理中的诸多难题。这种平台不仅让居民能够直接表达诉求，还促进了不同利益群体之间的沟通与理解。上海积极探索基层治理新模式，如杨浦区首创的"人民城市·人人议事厅"平台，聚焦社区"关键小事"，通过民主协商的方式解决实际问题。上海通过"人民建议征集"平台、社区听证会、线上互动等多种方式，拓宽了民意表达的渠道。人民建议征集工作网络，零距离收集、高效率办理群众意见建议，将许多"金点子"转化为城市治理的"金钥匙"。这种机制不仅有利于提高政策的科学性，还能够增强政策的民意基础。

避免政策偏差与决策盲目性。传统政策制定往往面临信息不对称和决策盲目性问题，导致政策脱离人民需求，甚至加剧社会矛盾。而全过程人民民主通过协商平台汇集民智，能够有效弥补这些盲点。通过开放的意见征集和多方讨论，政策更能精准契合社会需求，避免决策的单一性。这样，政府不仅能够避免脱离民意的政策，也能确保政策更符合社会各阶层的实际需求和期望。上海通过民主协商机制，将政策制定过程前置化，充分听取各方意见。虹桥街道通过基层立法联系点，广泛组织社区居民参与立法征询，确保立法过程充分吸纳民意。上海通过社情民意信息联系点建设，促进基层意见建议的及时反馈和高效转化。市政协通过"站、室、点"平台，广泛收集社情民意信息，并及时转化为政策建议。协商机制还允许政策在实施过程中持续优化。在政策执行后，协商平台为人民提供了反馈渠道，确保能够根据实际情况随时对政策进行调整。

2. 集民力："人民城市人民建"的合作机制

毛泽东同志曾经强调，"国家各方面的关系都要协商"[1]。协商不

---

[1]《毛泽东年谱（一九四九—一九七六）》第2卷，中央文献出版社2013年版，第325页。

仅体现在政策制定过程中，实际上，它还贯穿于政策的执行阶段。全过程人民民主通过增强市民的参与感和责任感，推动政府与市民之间的合作，从而形成合力，提升政策实施的效率和质量。

推动共同参与，形成治理合力。上海推行的"人民城市人民建"理念，体现了市民在治理中的主动作用。在城市发展过程中，政府通过协商机制鼓励市民参与到政策制定、资源配置和实施过程中，有利于形成政府与市民之间的强大合作网络。上海通过搭建覆盖全市的基层立法联系点、政协委员工作站等协商平台，将民意表达嵌入治理决策的全链条。上海全市 36 个基层立法联系点与 5700 余个人大代表"家站点"形成网络化布局，使立法修法不再是"庙堂之高"的专属事务，而是街头巷尾的公共议题。这种制度设计不仅有利于保障群众知情权、参与权，更能够通过程序化的意见征询机制，将分散的个体诉求转化为系统化的治理方案，当民主协商从"听取意见"升级为"共同创造"，治理过程便自然成为凝聚共识、整合资源的社会动员。

增强协同效应，促进各方共治。在多个社会领域，协商机制促进了政府、企业、社会组织和社区的多方合作。上海通过与社会组织、企业和居民的协商，达成了"合作共治"的模式。在推动垃圾分类政策的过程中，政府通过与企业合作，获得必要的设备支持；同时通过社区与居民的广泛协商，确保了垃圾分类政策的可操作性。这种多方协同的机制，使得政策的执行不再依赖单一主体，而是由多个社会力量共同推动。上海首创的"协商于民"政协委员工作站体系，将全国、市、区三级政协委员纳入基层治理场域，形成"问题发现—政策匹配—决策转化"的闭环机制。这种纵向贯通与横向联动的结合，既有利于避免"基层看得见管不着"的治理盲区，又有助于破解"部门管得着看不见"的信息不对称。

激发社会力量，强化资源整合。协商机制还通过资源的整合和力量的激发，调动社会各方力量共同应对治理挑战。上海的智慧城市建设，通过政府主导与企业合作，并结合居民的需求与参与，最终实现了资源的有效整合，推动了城市信息化、智能化的快速发展。这种"集民力"的协商模式有效解决了单靠政府力量难以解决的复杂治理问题，强化了社会的共同建设能力。激发社会力量，强化资源整合的本质在于重构政府与社会的关系。上海通过"人民建议征集"机制的创新，将市民的诉求纳入政策视野。这种"建议—采纳—反馈"的闭环机制，不仅激活了社会参与的毛细血管，更在微观层面培育了公民责任意识。上海的实践表明，全过程人民民主不是抽象的政治宣言，而是具象化为"有事好商量"的治理方法论。当协商成为化解矛盾的首选路径，当共治成为资源配置的基础逻辑，人民城市的生命力便在城市的每个细胞中蓬勃生长。这种治理模式既是对西方"选举民主"局限性的超越，更是对中国式现代化道路的生动诠释——在这里，民主不是四年一次的投票仪式，而是 365 天持续发生的治理实践。

3. 聚民心：提升政策方案认同度

中国共产党"最基本的一条经验是一刻也不能脱离人民群众"[1]，形成了集中民意民智民心办大事的优良传统。协商能够确保政策的透明度和人民的参与感，从而提升政策的社会认同度，减少政策执行中的阻力。全过程人民民主通过提高人民群众的认同感和参与感，增强了政策的社会接受度。

增强政策透明度，增加信任感。协商过程不仅仅是在政策制定时提供平台，它还提高了政策执行的透明度，让人民了解政策的背景、

---

[1] 习近平：《之江新语》，浙江人民出版社 2007 年版，第 146 页。

目标和执行过程。在政策制定过程中，政府通过听证会、征求意见等方式让公众看到自己的声音被听取，进而增强对政策的信任。政策透明是信任的基石，上海通过制度设计将"黑箱决策"转化为"阳光治理"，以公开促公正，以透明换信任。普陀区首创政策文件"阅办联动"模式，将24项政策与31个办事事项无缝衔接，实现"看政策"与"用政策"的同步。杨浦滨江"民情气象站"通过电子屏动态显示市民诉求响应状态，使政策执行如同"透明玻璃房"般可追踪。上海的经验表明，当政策制定从"黑箱操作"转向"阳光作业"，当民意采纳从"象征性参与"升级为"实质性共建"，全过程人民民主便自然升华为信任生产的制度性引擎。

提升治理认同，促进政策遵从。人民对政策的认同感源于"在场感"。当人民有机会参与政策的制定并表达自己的意见时，他们更容易对政策产生认同感和归属感。这种认同感不仅促进政策的执行，还增强了人民的责任感和参与感。[1]上海市在推进公共安全、环境治理等方面，通过多渠道、多层次的民意反馈机制，让市民感到自己是政策决策的一部分，从而激发了他们的积极性，促进政策措施的顺利执行。当政策不再是"自上而下的指令"而是"自下而上的共创"，遵守规则便从被动服从升华为价值认同。更深层的认同源于制度化的参与路径。在杨浦区长白新村街道的工人新村228街坊改造中，居民从旁观者变为规划者，最终使历史街区焕新成为全龄友好的生活圈。这种"小事共议—资源众筹—成果共享"的模式，让政策遵守成为利益共享的自然选择。

提升政策共识，减少治理摩擦。政策的成功实施，往往面临着来

---

[1] 樊鹏：《全过程人民民主：具有显著制度优势的高质量民主》，《政治学研究》2021年第4期。

自不同利益群体的抵抗，而协商机制能够有效减轻这种阻力。[1]在全过程人民民主的框架下，政策通过协商得到广泛的支持，减少了不理解、不信任和反对的声音。政策抵抗的本质是利益冲突，上海通过协商民主将"零和博弈"转化为"多元共赢"。社区治理更凸显协商的润滑作用。例如在苏州河中远两湾城段在启动岸线贯通工程初期，因涉及苏州河沿线土地权属问题，部分业主对开放私有岸线作为公共空间存在强烈抵触情绪。面对这一矛盾，属地宜川路街道采取双线推进策略：一方面成立工程专项推进组统筹项目实施，另一方面同步组建由多元主体构成的居民工作专班——该专班整合居民区党组织书记、居委会主任、街道机关联络员、社区民警、法律顾问及党员、楼组长等基层治理力量，形成 300 余人的攻坚团队，通过分楼包干、入户沟通的工作机制开展集中突破。当协商成为化解矛盾的首选路径，政策执行的社会成本便转化为治理效能——上海电动自行车火灾风险下降 70%、垃圾分类自觉履行率达 97% 的数据，正是共识转化为行动的生动注脚。

（三）以共建共治共享打造城市治理共同体

全过程人民民主强调人民在治理过程中的广泛参与，通过协商共治、民主监督和社会动员，实现治理主体的多元协同，推动城市治理共同体的构建。[2]上海将全过程人民民主融入城市治理的各个环节，有利于构建人人参与、人人负责、人人奉献、人人共享的城市治理共同体。城市治理共同体强调政府、社会、市场、社区等多方主体的合作，共同应对城市治理的复杂挑战。在这一过程中，全过程人民民主通过构建共同愿景、增强互信与共识、提升合作能力三个方面，有力

---

[1] 陈家刚：《协商民主：概念、要素与价值》，《中共天津市委党校学报》2005 年第 3 期。

[2] 王炳权：《论全过程人民民主与基层治理》，《甘肃社会科学》2023 年第 1 期。

推动共治共享的实现。

1. **构建共同愿景：用民主手段保障公共利益**

城市治理涉及多个利益相关方，不同群体可能有不同诉求，而全过程人民民主提供了一个充分协商、民主讨论的平台，使各方能够围绕共同的发展目标达成共识，共同推动城市治理。共同愿景的实现依赖于全链条的民主实践，其核心在于将"人民意志"贯穿于治理全过程，形成"目标设定—决策执行—效果评估"的闭环。

目标设定中的共识凝聚。全过程人民民主的创新体系为共同愿景的形成提供了结构性保障。人民代表大会制度等制度设计，将"人民意志"转化为"国家意志"的过程制度化、常态化。截至2024年年底，上海已建立5700余个人大代表"家站点"和1280多个政协"站室点"，形成覆盖城乡的民意表达网络。在民生实事项目人大代表票决制中，政府通过"群众提、代表定、政府办、人大评"的流程，将教育、医疗、养老等领域的公共需求转化为年度重点工程。2023年，上海"12345"市民服务热线共受理市民反映2143.8万件，响应率始终保持在99%以上，解决率达到94.3%，满意率达到95.2%，有利于使政策目标精准对接公共利益。

决策执行中的协同共治。全过程人民民主使政府在制定政策时能够充分考虑社会需求，而非单方面决策。上海在制定碳达峰、碳中和行动方案时，通过人大听证、企业代表座谈、市民问卷调查等方式，使政府、企业、市民共同形成绿色发展的愿景，推动低碳城市建设。根据2023年的数据，上海"一网统管"市级平台已汇集72个部门的220个系统、1202个应用，构建城市数字体征系统，提升风险感知响应效率。技术赋能下的协同治理，既保障了政策执行的透明度，又通过实时反馈机制动态调整治理策略，避免公共利益在实施过程中被稀释。

效果评估中的民意校准。全过程人民民主在上海的实践通过构建多维度的民意参与和反馈机制，在政策效果评估中有利于实现民意的动态校准，确保公共政策的制定与执行始终贴近民众实际需求。首先是通过多元主体协同评估，提升校准公信力。上海引入多方力量参与效果评估，破解"政府自评"的局限性，静安区在"15 分钟社区生活圈"建设评估中，委托技术服务单位进行客观指标测评（如设施覆盖率），同时组织居民代表开展实地走访评分，形成"硬数据 + 软感受"的综合评价体系。其次是基层自治组织深度参与，社区党组织、业委会、楼组长等"在地力量"担任"民意传感器"，及时向上反馈民意及评价。上海的实践表明，全过程人民民主并非抽象概念，而是通过制度化、技术化的手段，将民意校准转化为可操作的政策工具，实现从"象征性参与"到"实质性影响"、从"单向传递"到"双向互动"的转变。

2. 增强互信与共识：参与协商寻找最大公约数

全过程人民民主的核心价值不仅在于保障人民当家作主的政治权利，还在于通过制度化的协商机制构建社会互信、凝聚多元共识，将治理冲突转化为合作动能。[1]上海通过制度性对话平台搭建、利益平衡机制创新、治理共同体培育三重路径，有利于破解传统治理中"政府单边决策—社会被动接受"的结构性矛盾，为超大规模社会实现长治久安提供中国方案。

通过制度性对话平台构建互信基础的社会工程。制度性对话平台的价值在于，它将偶然的民意表达转化为稳定的治理参与，使信

---

[1] 唐亚林：《"全过程民主"：运作形态与实现机制》，《江淮论坛》2021 年第 1 期。

任从个体情感升华为制度信仰。全过程人民民主实践通过系统性制度设计，将"信任赤字"转化为"治理资本"。上海目前的 36 个人大基层立法联系点、5700 余个人大代表"家站点"、1280 多个政协"站室点"构成网络化协商平台，使民意表达从零散诉求升级为制度化输入。这种设计蕴含互信构建逻辑：一是信息闭环处理机制，例如，2023 年度上海基层立法联系点共参与"优化营商环境条例"等 71 件次法规规章草案的意见征求工作，共提出 965 条意见建议，有 90 条意见被采纳或部分采纳，这种"建议—采纳—反馈"闭环消解了政策黑箱的猜疑空间。二是责任共担体系，通过人大代表述职、专题协商议政等举措，将治理责任可视化。2024 年上海市政协提案办复率达98.6%，这种高响应度有助于强化公众对制度效能的信心。

通过利益平衡机制体现化解冲突的协商智慧。治理冲突的本质是利益博弈失衡，全过程人民民主通过创新性机制设计，将"零和对抗"转化为"多元共赢"。其运作机理体现在：一是差异识别技术，运用大数据分析识别利益分歧点，于 2021 年 6 月正式上线的上海城市运行数字体征系统，通过遍布全城的神经元感知体系，从市级、区级和街道三个层面打通了全域数据，实现对城市运行态势的实时监测和综合研判，针对城市管理中的难点问题（如电动自行车管理、老旧小区改造等）进行精准定位和靶向治理。二是梯度协商策略，杨浦长白新村旧改征收时，基地临时党支部牵头搭建起了居委会干部、居民代表、征收事务所工作人员、民警、律师、社会公信人士等共同参与的"软协商"平台，使矛盾化解遵循"小事自治、中事共治、大事法治"的递进路径，展现了微观冲突的柔性化解智慧。三是补偿激励机制，在公共利益与私有权益冲突中引入法治化补偿，例如民法典地役权制度在苏州河岸线贯通工程中的应用，通过产权置换、收益共享实现"帕累托改进"，形成"前期协商—业主大会征询表决—签订协议—项目施工"的贯通工作路径，订立"共建共享"民事协议。这种机制创新超越了西方"多数决民主"的局限性，有助于使治理过程在寻找"最大公约数"中实现动态平衡。

通过治理共同体培育实现从共识到合作的进化路径。全过程人民民主通过价值重塑与能力建设，将分散个体转化为治理共同体成员。[1]一是价值认同建构，在"共同缔造"实践中，居民通过参与社区微更新项目，从"旁观者"转变为"规划者"，97%的垃圾分类自觉率印证了规则内化于心的治理效能。二是参与能力提升，上海市司法局开展"公共法律服务体验官"，让普通市民对法律服务打分并提出意见建议，督促相关主体不断提高服务质量和服务水平。治理共同体的形成，使合作不再是外力驱动的临时举措，而是内生稳定的社会资本。全过程人民民主通过制度信任构建、利益理性调和、治理主体能力培育，将冲突转化为治理创新的契机。当民主从政治理念转化为治理方法论，社会冲突便不再是现代化的绊脚石，而是文明跃升的垫脚石——这或许正是中国式治理现代化给予世界的最深刻实践启示。

3. 提升合作能力：在参与中增强有效协同

全过程人民民主作为中国式现代化的制度创新，通过优化治理主体的互动逻辑与协作网络，将"多元参与"升华为"有效协同"，为超大规模社会的复杂治理提供了系统性解决方案。其核心在于通过制度性信任构建、参与能力培育、资源整合机制创新三重路径，破解传统治理中"主体分散—目标冲突—效能内耗"的结构性困境，使治理

---

[1] 孔繁斌：《全过程民主：政策参与过程优化的新情景》，《探索与争鸣》2020年第12期。

协同从理念转化为可持续的实践范式。[1]

制度性认同构建构筑协同治理的基石。全过程人民民主通过制度设计将"原子化参与"转化为"组织化协同",构建起治理主体间的稳定信任关系。上海在全市设立 1280 多个政协"站室点"以及 36 个基层立法联系点,形成"民意输入—政策转化—效能反馈"的闭环机制。这种设计蕴含两重信任生成逻辑:一是信息透明机制,政策制定前通过人民建议征集网络实现需求精准识别,执行中依托"一网统管"系统实时共享数据,评估环节引入第三方监督,形成透明化的决策流程。二是程序正义保障,民主协商遵循"议题公示—多元辩论—共识形成"的标准化流程,如闵行区江川路街道建立的《东滩议事规则》,将 45 项居民需求转化为可操作的治理议程,避免"选择性协商"导致的信任危机。制度性信任的价值在于,它将偶然的合作尝试转化为稳定的治理惯例,使协同从临时性策略升华为常态化机制。

参与能力培育激发协同治理的内生动力。全过程人民民主通过能力培育将治理主体"被动卷入"转化为"主动共创",破解治理主体间的能力鸿沟。一是协商素养提升。上海市人大设立的基层立法联系点,自 2019 年年底以来,对 92 件立法提出了 14008 条建议,其中 1546 条意见被不同程度采纳,并通过"社区规划师"等角色创设,培育公民理性表达、妥协包容的民主素养。江川路街道党工委制定了《"美好社区 共同缔造"种子培育三年行动计划》,旨在依托闵行区"美好社区"治理学院江川分院培育 100 名治理种子带动 1000 名行动者,形成能力传递的涟漪效应。二是组织化参与路径,"东滩议事团"等自治组织,将分散的个体诉求整合为集体行动方案,使社区微更新

---

[1] 余泓波:《全过程人民民主制度优势的民众体验及其感知效应——基于 2019 年中国城乡社会治理调查的实证分析》,《经济社会体制比较》2023 年第 4 期。

等治理议题从"政府工程"转化为"共同事业"。三是技术赋能协同，上海"一网统管"等数字平台构建风险共治的数字孪生系统，使老年食堂选址、停车位规划等决策从经验判断升级为数据驱动的精准协同。这种能力进化使治理协同突破"政府主导—社会配合"的单向模式，形成"优势互补—责任共担"的共生关系。

资源整合撬动协同治理。全过程人民民主通过创新性制度安排，将碎片化资源转化为治理合力。一是纵向贯通机制。上海搭建形成了委员基层协商联络室这样一个容全国、市、区三级政协委员共同参与基层社会治理的实践平台，展现层级贯通的协同优势。二是横向融合网络。党建引领下的"东滩合伙人"模式吸纳20余家企事业单位共建美好社区，将高校智库、企业技术、社会组织服务嵌入治理链条，形成"问题共研—方案共制—成果共享"的治理生态。三是跨域协同实践。长三角173项"跨省通办"服务突破行政壁垒，通过标准互认、数据共享构建区域治理共同体，"同城效应"日益凸显，印证了协同机制的扩展性。这种资源整合不是简单的要素叠加，而是通过制度创新实现"1 + 1>2"的协同效应，使治理效能从局部优化迈向系统跃升。

全过程人民民主通过制度信任构建、参与能力提升、资源网络编织，优化了治理协同的底层逻辑。当协同从技术工具升华为价值共识，治理现代化便可以超越西方"契约型合作"的局限，展现出"共识型协同"的东方智慧——在这里，协同不仅是利益博弈的均衡解，更是人民主体性的生动彰显。

第二章

平台支撑：让民意直通公共决策

在新时代发展进程中，城市承载着推动经济进步与提升民生福祉的双重使命。习近平总书记于 2019 年在上海考察时明确提出"城市是人民的城市，人民城市为人民"[1]的重要论断，并在 2023 年进一步强调，"要把增进民生福祉作为城市建设和治理的出发点和落脚点，把全过程人民民主融入城市治理现代化，构建人人参与、人人负责、人人奉献、人人共享的城市治理共同体"[2]。从"服务人民"根本宗旨到"治理共同体"实践路径的深化拓展，生动诠释了我们党"以人民为中心"的发展思想。上海正在着力推动全过程人民民主与"人民城市"重要理念深度融合，将人民主体地位贯穿城市规划、建设、管理各环节，持续书写"城市，让生活更美好"的时代答卷。

民意在公共决策中的融入，既是现代治理体系合法性的要求，也是提高政策有效性的关键。然而，传统的管理机制存在一些障碍，导致民意难以直接影响决策：首先，层级复杂的科层制使信息在上报过程中逐级失真，导致原始诉求被简化或改变；其次，部门之间分工明确，但也造成了信息孤岛，使得民意在跨部门协调时容易被忽视或丢失；最后，法律程序的规定与社会需求的紧急性常常错位，导致政策

[1]《深入学习贯彻党的十九届四中全会精神　提高社会主义现代化国际大都市治理能力和水平》，《人民日报》2019 年 11 月 4 日。

[2]《聚焦建设"五个中心"重要使命　加快建成社会主义现代化国际大都市》，《人民日报》2023 年 12 月 4 日。

反应滞后，无法及时回应群众的诉求。这些问题不仅影响政策的及时性和有效性，还可能造成资源浪费和公众信任的下降，暴露出传统治理模式在复杂社会中的局限性。为应对这些挑战，需要从三个方面推进民意融入决策的全过程：首先是迅捷性，即提升民意传达的速度与精准度，确保公众诉求能够高效、准确地进入决策环节；其次是科学性，依托技术与专业知识，使民意表达更加理性、科学，从而形成更具代表性和可行性的提案；最后是包容性与可操作性，通过搭建多元互动的平台，拓宽民意交流的空间，促进不同观点的碰撞与融合，在充分讨论中凝聚共识。

上海市通过构建平台推进民意直通关键决策的创新实践探索历经了不同阶段。在探索阶段，主要是通过人大"家站点"平台在立法领域建立民意收集机制。上海市协同推进人大履职平台与政协"协商民主实践点平台"，形成双向民意沟通体系。到 2024 年，上海市出台专项意见系统部署立法实践，整合统战及人民团体资源等，全面拓宽民意通向关键决策的渠道，通过建立"立法建议平台""协商治理平台""广泛共识平台"，有效打通了民意到决策的通道，实现了民意收集从单向反馈向全过程融入治理体系的转型，提高了民意反映的效率和效果。为打造全过程人民民主实践地提供了制度创新样本，彰显了中国式民主的实践效能。

一、立法建议平台，建立民意直达机制

科层制的结构性问题导致民意在传递过程中发生损耗甚至受阻，影响其传递速度和准确性。由于在层级结构中信息需要逐级上传，民意往往被简化或者片段化，其中丰富的细节和多样化的声音容易被忽

略。行政管理讲究决策的规范性和标准的统一性，而社会需求则多样化且复杂多变，在政策回应民意诉求的过程中，往往存在时效性滞后和准确性错配等问题。

基层立法建议平台的建立，通过拓宽民意直通渠道，提升民意表达的迅捷性和准确性。一是依托基层立法联系点，织密民意直通立法的网络，实现从社会诉求到法律规范的高效转化。二是通过人大代表"家站点"搭建民意落地的桥梁，畅通从民意收集到实际行动的路径，推动政策更具针对性和可操作性。三是人大代表接待制度构建了双向互动的履职模式，创新民意收集方式，实现民意采集从"被动接受"向"主动求索"的转变，最终实现民意的有力穿透，提升民意传递的迅捷性。

（一）基层立法联系点：民意直通立法的平台设计

在基层治理的实践过程中，基层立法联系点平台展现了一个高效且有序的民意吸纳与问题解决模式，形象地展示了如何将群众的意见和需求通过平台转化为实际的治理成效。上海市基层立法联系点平台是上海市践行"全过程人民民主"的创新设计，旨在通过基层直接参与提升立法科学性和民主性。该平台自 2016 年试点以来，已构建覆盖全市街道、企业、高校等领域的 25 个市级联系点，形成"立法机关 + 基层群众"的互动桥梁。[1] 其核心功能包括征集法规草案意见、普法宣传及立法后评估，运作流程涵盖意见收集、整理反馈和结果闭环。截至 2023 年，累计对 100 余部法规提出近万条建议，超 10% 被采纳，典型案例涉及垃圾分类、营商环境优化等领域。平台通过"线上 + 线下"结合打破立法神秘感，运用数字化工具拓宽参与渠

---

[1]　彭燕玲：《关于研究制定〈上海市推进基层立法联系点高质量发展若干规定〉的议案》，上海人大网，2024 年。

道，并计划向科创、涉外领域延伸，赋能社会治理。这一机制不仅增强了公众法治意识，更为全国基层立法实践提供了"上海样本"，彰显了法治建设与民生需求的深度结合。2023年3月，上海市人大常委会启动五年立法规划编制工作，依托基层立法联系点平台，将全过程人民民主贯穿立法始终。通过这一平台，民意从基层源头被精准采集、科学转化，最终融入立法实践，织密了民意直通立法的制度纽带。

图 2-1　全国人大常委会法工委虹桥街道基层立法联系点正对
《中华人民共和国公司法（修订草案二次审议稿）》开展立法意见征集

特色平台聚民智，精准对接立法需求。市人大常委会法工委充分发挥基层立法联系点特色优势，联合七宝镇人大、浦东新区工商联、市律协、古北市民中心四家联系点，策划四场主题鲜明的立法需求征集活动。在七宝镇人大组织的"五年立法规划市民谈"[1]中，高中生、检察官、社区工作者等群体围绕教育、社会治理提出建议；浦东新区工商联以"创业者谈"为切口，聚焦民营经济高质量发展，收集集成

---

[1] 澎湃新闻·澎湃号·政务：《"我眼中的七宝镇人大基层立法联系点"征集令来啦！我的样子由你定！》，澎湃新闻网，2022年8月15日。

电路、新能源等 11 项产业立法需求；市律协组织 53 个专业委员会研讨论证，形成专业立法建议；古北市民中心创新开展"外国人谈"，邀请来自日本、丹麦、德国等国的外籍人士建言，推动立法更具国际视野。这一平台通过分类对话、精准对接，让不同群体的立法诉求直达立法机关。

枢纽网络扩覆盖，民意采集全域延伸。基层立法联系点发挥"枢纽"作用，构建多层次民意采集网络。七宝镇人大联动闵行区信息采集点，在各行各业中收集"原汁原味"建议 19 条；四川北路街道联合居委会、物业等单位调研物业管理难题，针对"群租""老旧电梯改造"等痛点提出立法建议，并通过 21 个居民区联络点扩大征询范围，形成《加强无人驾驶航空器管理》等提案。打破地域与行业界限，使民意触角延伸至社区、企业、社会组织，夯实了立法的民意基础。

全程参与显实效，民意直达立法实践。从规划编制到落地实施，基层立法联系点全程参与立法进程。在征集阶段，14 家联系点提出 87 项建议；初筛阶段，上海人大工作研究会组织 73 名专家、离退休干部参与项目勾选；论证阶段，虹桥街道、海通证券等单位对立法可行性提出专业意见；规划起草阶段，26 项基层建议被正式纳入五年立法规划，涵盖民生保障、社会治理、经济发展等领域。在规划实施阶段，基层立法联系点持续参与 2024 年立法计划征询，形成"征集—筛选—论证—转化"的民意闭环。

基层立法联系点通过"分类对接、全域联动、全程参与"的创新方式，实现了民意从"源头发现"到"法律落地"的有效跃升。一是以精准分类对接打破民意表达壁垒，针对市民、创业者、外籍人士等不同群体开展特色主题座谈，将分散的民生诉求转化为 11 项产业立法需求、19 条社会治理建议及国际视野的立法提案；二是以枢纽网络全域联动延伸民意触角，通过覆盖全区的信息采集点、跨部门协同调研机制，将"群租治理""老旧电梯改造"等社区痛点转化为立法建议；三是以全链条参与机制确保民意贯穿立法始终，从项目征集、筛选论证到规划起草实施，推动 26 项基层建议直接纳入立法规划，形成"征集—筛选—论证—转化"的民意闭环。这一实践以制度性平台为桥梁，让"街谈巷议"精准对接立法议程，真正打通了民意直通法律的"最后一公里"。

（二）人大代表"家站点"：构建民意汇聚的阵地

从民意形成到实践落地之间往往存在距离，在实践中，上海市人大"家站点"平台紧密贴近群众，高效实现了从民意收集到实践落地的跨越式提升。"家站点"平台指的是人大代表之家、联络站和联系点的简称，是全市各级人大代表联系群众、践行全过程人民民主的重要载体。该平台分为三级："家"设在乡镇、街道层面，侧重代表集体履职活动；"站""点"分布于社区、企业、学校等基层单元，侧重面对面听取民意。目前，全市已建成 5700 多个"家站点"，每平方千米至少 1 个点位，1.5 万名四级人大代表全部编入，形成"全天候"联系网络。其功能包括收集社情民意、宣传政策法规、推进基层治理等，并通过"线上＋线下"模式提升便捷性。群众可通过上海人大网查询点位信息，参与集中联系社区活动或日常接待，反映的问题将分级转办并闭环反馈，重大议题还可转化为代表议案建议推动解决。该平台通过打通"最后一公里"，成为全过程人民民主实践的重要抓手。这一平台通过制度化、常态化的机制，将人大代表履职延伸到社区、企业和基层一线，推动了民意向具体实事的转化，使基层治理更好地回应民众诉求。

以上海市杨浦区新江湾街道"小区边门开设"[1]为例，社区居民要求在小区的边缘位置开设一扇门，以方便居民前往附近的公共绿地进行休闲锻炼，同时方便他们搭乘地铁通勤。居民通过这一平台向人大代表反馈了他们的需求。在接到诉求后，人大代表迅速启动了"三会一访"（调研会、协调会、评议会、走访）工作机制，及时组织了一次多方参与的协商会议，确保各方意见得到充分听取并形成有效的解决方案。会议的参与方包括居民代表、物业公司、业委会、楼管家以及街道职能部门等多个主体。在会议的过程中，各方从不同角度出发，对边门开设的合理性进行了多维度的论证。首先，从城市整体规划和小区周边的交通流量等方面展开了深入的分析，确保这一举措不会影响到城市的整体布局和交通秩序，同时避免对周边环境造成负面影响。其次，在安全管理方面，大家深入探讨了门禁系统的设置、安保人员的调配以及夜间照明等关键问题，力求通过全方位的安全保障措施确保居民的安全。此外，会议还充分考虑到居民的多样化需求，运用了"线上问卷＋线下走访"相结合的方式进行民意调查，确保不同年龄段、不同居住区域的居民诉求都能得到反映，避免了部分群体意见被忽视的情况。

通过这些方式，大家收集到的大量数据和意见被有效整合，最终形成了一个切实可行的方案。这一方案不仅能够满足大多数居民的需求，还兼顾了规划、交通、安保等多个方面的考量。在形成方案后，为了确保居民对方案的理解和支持，人大代表还组织了由"代表联络员＋楼组长＋志愿者"组成的团队，通过逐户走访的方式，进一步征求居民的意见和反馈。这样的上门走访不仅提高了沟通的效率，也

---

[1] 刘力源：《一道"连心门"，如何开出居民生活"附加值"？》，文汇网，2021年11月20日。

让居民真正感受到了他们的诉求被重视，进而更加支持这一方案。经过广泛的征询和充分的沟通，边门的开设方案获得了大多数居民的认可。最终，这一边门的建设得以顺利实施并成功启用，极大地方便了居民的日常出行，同时也改善了他们的休闲锻炼条件。该项目不仅解决了居民的实际问题，还通过规范化的民意反馈机制，体现了基层治理中各方协作和民主协商的重要性。

近年来，黄浦区积极探索"家站点＋"模式，通过创新机制、拓宽渠道、强化履职，推动人大代表更加紧密地联系群众，切实解决群众关心的民生问题，使代表履职更加接地气、有人气、有成效。一是拓宽联系渠道，让民意传递更顺畅。在黄浦区，人大代表不仅在"家站点"内接待选民，还积极拓展"家站点＋流动摊"模式，将每月的便民服务集市变成"移动的代表接待点"，让选民接待走出"家门"，更接近群众日常生活场景。代表们在摊位上与居民面对面交流，收集社情民意，听取群众诉求，并结合自身专业优势，提供医疗、法律、商业咨询等多元化服务。这一创新模式打破了传统代表接待的固定场所限制，使人大代表与选民的联系更加灵活广泛，让民意表达更加便捷高效。

二是搭建议事平台，推动民意转化为行动。黄浦区还依托"家站点＋议事厅"模式，搭建民主议事平台，推动民意从建议走向实际落实。人大代表围绕基层治理的热点问题，如社区养老、医疗服务、公共设施完善等，定期组织专题议事会，与政府部门、专家学者、社区居民共同探讨解决方案。2024年，淮海中路街道人大工委围绕"社区养老"主题开展议事会，邀请20余名人大代表进行专题调研，并向政府相关部门提出科技赋能智慧养老、加强养老护理员队伍建设等具体建议，推动政策制定更符合群众需求。通过这一平台，人大代表不仅履行了建言献策的职责，还监督政策落实，使民意真正转化为可感可见的成果。

三是推动问题解决，让民意落地生根。"家站点＋办实事"模式则直接将代表履职的重点放在解决群众的"急难愁盼"问题上。黄浦区人大代表坚持问题导向，深入社区开展"四百"大走访、"三进三问"等调研行动，主动发现民生问题，并推动相关部门落实解决方案。例如，人大代表杨新平在选区内调研时，发现孝和居民区的下水道因老化频繁堵塞，给居民生活带来困扰。他多次实地察看，积极协调相关部门，最终促成了下水道改造方案的实施，为居民彻底解决了这一长期存在的难题。此外，黄浦区的代表们还积极参与解决餐饮店气味扰民、路面修缮、增设公共设施等问题，以实际行动回应群众诉求，增强民生服务的精准性和有效性。

黄浦区依托"家站点"这一平台，探索全过程人民民主在基层的创新实践，不断拓宽代表联系群众的渠道，提高代表履职的针对性和实效性。"家站点＋流动摊"让人大代表真正走进群众，"家站点＋议事厅"让民意表达更具建设性，"家站点＋办实事"让群众需求得到切实回应。通过这一系列创新举措，黄浦区的人大工作从单向传递转变为互动共治，全过程人民民主更加具体、更加深入人心。

这一系列实践案例展示了"家站点"平台通过高效的组织协调和精细化的民意征集，促进了民意向实事的有效推进。通过合理的方案设计和多方合作，平台为解决居民问题提供了一个清晰、高效的路径，推动了民生问题的顺利解决。这一过程的成功也表明，基层治理不仅要有针对性地回应民众的具体诉求，还要通过制度化的方式提升民意的反映速度和决策效率。[1]

---

[1] 郁建兴、李拓、沈永东等：《当代中国社会治理创新的制度化——基于"全国社会治理创新案例（2022）"的分析》，《行政论坛》2024年第4期。

图 2-2　杨浦区首个设在校园里的人大代表联系点

（三）人大代表接待日：双向互动的履职模式

　　传统的民意收集制度强调提高民意的收集与处理效能，而现实中由于时间成本等因素，人民群众并不能够经常主动参与民意收集工作，影响民意表达效能，上海市搭建的人大代表与民众的双向互动平台，已成为提升民意表达效能的关键抓手。上海市人大代表接待日是各级人大代表定期与选民面对面交流、听取民意的制度化活动。每月16 日固定为接待日，旨在通过座谈、调研等形式，围绕民生热点和社区治理难点，搭建代表与群众的直接沟通平台。通过构建"代表找问题、群众提诉求"的常态化沟通机制，不仅实现了民意收集渠道的立体化覆盖，更推动社会治理从单向管理向协同共治转型。以人大代表接待日为核心的双向互动机制，形成了"问题发现—专业研判—协同解决—跟踪问效"的完整闭环。

　　在浦兴路街道，赵孝洁代表通过邀请派出所民警、交通专员共同参与接待日，将老旧小区电梯加装、绿化修剪等民生"微实事"纳入多部门联办流程，使社区更新难题得以系统性破解。这种"代表搭台、部门唱戏"的运作模式，既保证了民意表达的畅通性，又强化了问题解决的协同性，2024年的数据显示，全市通过接待日收集的2.5万件建议中，83%得到实质性推进。长宁区北新泾街道在处理商铺地砖安全隐患时，人大代表李培芳牵头召开民主协商会，组织市政部门、产权方、商户和居民代表共同拟定施工方案。这种多方参与的议事机制，既平衡了商户经营与居民出行的矛盾，又将个体诉求转化为公共决策依据。类似案例在黄浦区外滩街道同样可见，陈蓓蕾代表通过"行得安全、停得安心"专题接待，推动街道完善停车管理系统，使共享单车管理从无序走向规范。杨浦区组建法律、医疗等15个专业代表小组驻点联络站，将接待日升级为"专业门诊"，企业人才落户、融资等难题得以精准破解。杨浦区定海路街道在公益市集活动中开展了"代表接待日"，人大代表郑小燕、吴瑕、刘亮亮参与其中，听取居民对社区生态建设和市容环境管理的意见，并引导儿童参与社区治理。活动通过义卖、书本交换等方式筹款，并捐赠给定海社区公益基金会，助力社区建设。闵行区"三带三进"机制通过职能部门带服务进驻代表之家，使政策解读与问题解决实现"现场办公"。[1]这种双向赋能的治理模式，实质上是全过程人民民主的生动实践。当人大代表从"坐等诉求"转为"主动问需"，当群众意见从"零散表达"转为"系统输入"，社会治理便形成了良性循环。数据显示，2024年上海各级代表参与履职4.2万人次，推动1.8万件民生问题落地，印证了双向互动平台在提升治理精细化、专业化方面的显著成效。

上海的实践经验表明，立法建议平台在基层治理中发挥了重要作用，不仅为民众提供了精准表达诉求的渠道，还确保了民意能高效转

---

[1] 澎湃新闻·澎湃号·政务：《全过程人民民主在上海｜闵行区人大"三带三进"机制助力民意回应跑出"加速度"》，澎湃新闻网，2020年7月4日。

化为治理成果。该平台通过标准化流程，建立了从民意收集、分析研判、反馈协商到立法建议提出的完整闭环，使群众的声音能够直接进入决策层，并最终影响政策制定。人大代表与基层的紧密联系进一步加强了这一机制，既充当了民意传递的桥梁，也确保了诉求被科学归纳和有效转化。同时，平台在不同层级设立反馈机制，拓宽了民意表达渠道，提高了政策响应速度，避免了信息传递的滞后或失真。通过这一模式，群众从被动接受政策转变为积极参与治理，构建起更高效、民主、持续的民意反馈体系，提升了民意传达的迅捷性。

图 2-3　浦东新区人大代表、浦兴街道东四居民区党总支书记邵朱芬
到人大代表之家接待来访选民

二、协商治理平台，提升民意表达质量

民意有效影响决策要求表达出的民意需具备包容性、科学性与实践性三大核心特征。包容性强调民意表达的广泛覆盖性，要求通过多元渠道采集不同阶层、群体的利益诉求，运用协商民主机制消解利益冲突，形成最大公约数式的公共议题，避免少数群体权益被系统性忽视。合理性注重民意表达过程中矛盾冲突的化解，要求利益相关

方都能够充分表达自己的意见，在交流协商过程中形成合意，为民意表达增加合理性和专业性，剔除情绪化、片面化表达，确保民意表达既符合客观规律又具备理论支撑。实践性则聚焦于政策落地的可操作性，要求民意形成的方案不仅能够落地，更能够具有长效的影响，实现"政策善意"与"执行效能"的有机统一。习近平总书记在庆祝中国人民政治协商会议成立75周年大会上强调："协商民主是全过程人民民主的重要组成部分，是我国社会主义民主政治的特有形式和独特优势，是党的群众路线在政治领域的重要体现。"在上海推进民意直通关键决策的系统性工作中，政协通过搭建"政协协商民主实践点平台"，深度挖掘自身专业领域的独特优势，成功探索出一条民意表达质量提升的创新路径。

（一）有事好商量：提升民意表达的包容性

政协委员工作"站室点"三位一体协商治理平台通过多元筛选与深度整合，有效提升了民意表达的包容性。政协委员"站室点"是指政协委员在基层设立的工作站、工作室和联系点，旨在打通委员联系群众的"最后一公里"，推动政协协商与基层协商有效衔接。这些"站室点"通过深入社区、企业等基层单位，收集社情民意，开展协商议事，助力解决民生问题，发挥政协委员在基层治理中的主体作用和履职担当，促进政协工作向基层延伸，更好地服务人民群众。截至2024年年底，全市已设立政协委员工作站、界别委员工作室及群众联系点等多个平台，形成"站室点"三位一体的民意筛选网络，确保各阶层、各领域的声音得到充分表达。

浦东新区月浦镇"协商于民"政协委员工作站紧密结合城乡治理的实际情况，积极探索创新工作模式，通过"多元筛选"和"深度整合"两大核心机制，建立了一套广泛覆盖、层次分明、运转高效的民意表达机制，有效提升了民意表达的包容性。

在民意收集阶段，工作站充分发挥 23 名市、区政协委员的多元背景和专业优势，采取"立题—议题—解题"三步协商方式，构建起系统化、规范化的民意收集与处理流程。首先，在"立题"环节，工作站通过走访调研、问卷调查、座谈会等多种形式，广泛收集辖区内不同群体的诉求和意见，确保民意表达的全面性和代表性。其次，在"议题"环节，工作站对收集到的信息进行分类整理，聚焦外来人口、本地村民、租客等不同群体的核心需求，特别是围绕租房纠纷、社区服务、公共设施建设等热点问题展开深入讨论，形成具有针对性的议题清单。最后，在"解题"环节，工作站通过专题协商会、部门联动等方式，邀请相关职能部门、社区代表、企业负责人等多方参与，共同研究解决方案，确保问题得到有效解决。

在具体实践中，工作站特别注重对外来人口和租客群体的关注。由于月浦镇地处城乡接合部，外来人口和租客数量较多，他们的需求往往容易被忽视。为此，工作站通过设立专门的"外来人口服务窗口"、开展"租客权益保障"专题调研等方式，深入了解他们的实际困难，并将其纳入协商议题，确保他们的声音能够被听见并得到重视。针对租房纠纷频发的问题，工作站提出了"地企合作"建议，推动辖区内企业与社区建立联动机制，通过签订租房协议、设立纠纷调解委员会等方式，有效化解矛盾，维护租客和房东的合法权益。此外，工作站还积极探索"地企合作"模式，精准分析城乡治理中的矛盾点，推动多方协同治理。例如，针对社区服务资源不足的问题，工作站与辖区内企业合作，引入社会力量参与社区服务，通过共建共享的方式，提升社区服务的质量和效率。同时，工作站还通过定期召开"地企协商会"，搭建企业与社区、居民之间的沟通平台，推动企业履行社会责任，助力城乡治理的良性发展。

图 2-4　黄浦区豫园街道政协委员工作站深入居民区
开展适老化改造相关协商活动

　　普陀区甘泉路街道政协委员工作站以"幸福甘泉·一道来协商"品牌为牵引，通过"多元筛选"与"深度整合"的双轮驱动，构建起全链条、多维度的民意表达包容性机制。在民意筛选层面，工作站依托"1＋3"轮值管理体系、三级委员联动的"1＋X"协商网络（覆盖38名委员及商务楼宇、双居民区等延伸站点），精准捕捉社区治理中的多元诉求：既通过"五个一"工作清单制度化筛选街道重点项目、群众"急难愁盼"的共性问题，又借助常态化走访企业、社会组织和新阶层群体，动态吸纳外来建设者、商户等"沉默声音"。在民意整合层面，工作站以"联—融—实"递进式路径深化治理效能："联"字筑基，通过内部协商议事、民主监督与外部跨界联建（如党外人士协同、企业资源导入），打破利益壁垒，凝聚多元共识；"融"字增效，以"会场＋现场"双轨协商模式促进委员专业视角与居民生活经验深度融合，推动"地气"与"专业"互补；"实"字落脚，围绕年度核心议题开展专题协商（如基层治理创新），将碎片化诉求转化为可落地的"金点子"，实现从民意吸纳到治理转化的闭环。这一机制既拓展了不同群体（居民、企业、新阶层）的表达空间，又以制度化协商平台确保多元民意的平等对话与包容性转化。

（二）群众有智慧：提升民意表达的科学性

复杂性问题通常涉及众多利益相关方和多重治理目标，这使得问题的解决变得较为困难。在这种情况下，提升民意表达的合理性可以成为破解复杂性问题的关键路径。为了解决此类问题，上海市各地政协搭建了各种协商平台，使各利益相关方能够在一个开放的场域中展开对话。协商不仅是问题解决的起点，更是民意聚合的过程，有助于提升民意表达的合理性。同时，多方力量的参与能够为民意表达注入科学性，使其更加客观、理性，从而推动问题的有效解决。协商治理平台通过协商机制优化民意表达的过程和结果，使其更加合理和科学，从而助力破解社会中的复杂性难题。

在梅川路旧改项目中，充电桩安装问题成为各方关注的焦点。由于该项目涉及居民、政府部门、施工方等多个利益相关方，且面临空间限制、安全标准不统一等多重挑战，问题的解决需要兼顾技术可行性与各方利益平衡。为此，城建界别的政协委员积极发挥桥梁纽带作用，联合同济大学专家团队，依托协商治理平台，围绕居民需求展开深入的技术论证。通过多次实地调研、座谈会和专题研讨会，政协委员与专家团队共同分析了社区空间布局、电力负荷承载能力、安全规范等关键问题，并广泛听取居民意见，确保方案的科学性和实用性。最终，在充分协商的基础上，制定了《既有社区充电设施建设导则》。这一导则不仅明确了充电桩安装的技术标准和实施路径，还统筹考虑了居民便利性、施工可行性和安全管理要求，有效平衡了各方利益，为政策的顺利落地提供了有力支撑。

同样，在社区宠物管理问题上，不同群体的诉求存在显著分歧，治理目标复杂多元。一方面，社区需要维护公共秩序，保障居民的安全和生活环境；另一方面，养犬人士的合法权益也需要得到充分尊重和保障。面对这一难题，政协法律界别的委员主动介入，通过广泛调研国内外优秀案例，深入分析社区宠物管理的痛点和难点。在充分协商的基础上，委员们与社区居委会、物业公司、养犬人士代表以及普通居民代表进行了多轮对话，力求在各方诉求中找到最大公约数。最终，推动了《文明养犬公约》实施细则的出台。这一细则不仅明确了养犬登记、遛犬时间、粪便清理等具体规定，还设立了相应的监督和奖惩机制，使各方在协商中凝聚共识，形成了合理、可执行的社区规章，有效促进了社区的和谐与文明。

面对更复杂的民生问题，政协还建立了"专家＋"联合攻关机制，整合各领域的智力资源，推动跨学科、跨部门的深度合作。在"生境花园"生态修复项目中，生态环境界别的政协委员携手华东师范大学科研团队，对居民关于"树木加固"的诉求进行系统研究，最终将其细化为根系保护、土壤改良等七项具体技术指标，从而在提升城市绿化质量的同时，实现了生态治理与居民需求的精准对接。[1] 在医疗资源优化方面，政协委员联合卫生健康部门及相关专家，对社区卫生服务配置进行深入调研，发现并解决了资源分布不均的问题，并推动建立了"按需流动＋定点支援"双轨运行机制，使社区医疗服务的覆盖率提升了 26 个百分点。这种跨领域、跨部门的协作模式，不仅提升了问题解决的效率，也让政策更加贴近实际需求。在这一系列创新机制的推动下，政协提交的 217 件提案中，有 93 件被直接转化为政策条款，专业建议的采纳量同比增长 37%，民意表达的合理性和

---

[1] 沈懿荣、黄晓晨、潘彦芹：《小角落丨长宁的三个生境花园营造心得》，澎湃新闻网，2022 年 11 月 21 日。

科学性显著提升，助力破解复杂性难题。

（三）事事有着落：提升民意表达的可操作性

上海建立了一套涵盖民意收集、专业论证、跨部门协商、政策实施及动态反馈调整五大环节完整的民意转化闭环机制，以确保协商治理平台能够长期稳定运作。该机制不仅使民意能顺利转化为政策，更能在政策实施过程中不断优化，实现精准落地和长效治理。在国际航行船舶药品供应改革中，浦东新区政协利用235个街镇的委员工作站，深入走访了包括润通航运在内的15家船供企业，调研发现了企业在"全品类直接供船"政策上的限制性难题，其中83%的企业表达了强烈的诉求。同时，政协通过"随申办"App收集了远洋船员的1270条用药需求，发现急救药品短缺、冷链运输标准缺失等核心问题，为政策制定奠定了扎实的民意基础。[1]

在此基础上，进一步强化专业论证环节，充分利用多学科、多领域专家的智慧，确保政策建议的科学性和可执行性。针对船舶药品供应问题，政协组建了由法律界和航运界委员组成的专项工作组，展开深入研究。法律专家对照国际规则，将企业诉求细化为多个具体指标，以确保政策调整能够符合国际惯例，并在全球航运市场上具备竞争力。与此同时，航运界专家结合上海海事大学的研究成果，构建了供应风险评估模型，对药品供应链可能面临的挑战进行了科学量化和预判。这种跨界协同的方式不仅提升了政策制定的精准度，也增强了其可落地性，为后续的政策执行提供了坚实支撑。

在跨部门协商阶段，充分发挥平台优势，组织政府职能部门、行业协会、企业代表等多方主体进行深度讨论，形成共识，推动政策落

---

[1] 顾意亮：《上海三级政协委员助推"药械"，可以上船了！》，人民政协网，2024年10月26日。

地。围绕船舶药品供应改革，政协召开了 7 场专题协商会议，协调市场监管、交通、海关等多个部门，最终形成了"负面清单＋分类监管"的制度框架。这一框架不仅明晰了药品供应的边界条件，还为政策的实施提供了详细的操作指南，确保各方在执行过程中有章可循、有据可依。

政策的制定并非终点，能否真正落地并持续优化，取决于动态反馈调整机制的建立。上海市政协创新性地引入"双轨反馈"系统，确保政策在实施过程中能够得到实时监测和动态优化。一方面，企业通过"智慧船供"平台实时上传供应链数据，使政府和行业监管机构能够精准掌握政策的运行情况；另一方面，船员通过季度满意度调查反馈用药体验，确保政策能够真正解决现实问题。在这一机制的支撑下，2024 年第三季度，上海港口急救药品的到位率提升至 92%，表明政策的有效性得到了市场的积极反馈。

根据政策实施中的实际情况，政协进一步推动了政策的修订与完善。在船舶药品供应改革中，政协工作组根据企业和船员的反馈，促成了政策调整，新增了冷链物流补贴条款，解决了药品供应链中的关键问题，同时将中药制剂纳入许可范围，以满足不同国家船员的需求。这些针对性的调整不仅优化了原有政策，也增强了上海国际航运中心的竞争力。改革实施后，2024 年上海港完成了邮轮物资直供 2.3 万单，同比增长 170%，船供企业的运营成本下降了 28%。更为重要的是，这一政策改革帮助上海国际航运中心的全球排名提升至第三位，并成功推动《国际邮轮在中华人民共和国港口靠港补给的规定》[1] 等法规的出台，实现了从实践探索到制度固化的跨越。

---

[1]　国务院：《国际邮轮在中华人民共和国港口靠港补给的规定》，中国政府网，2024 年 4 月 26 日。

图 2-5　浦东新区政协党组、海关总署驻上海特派办党委、
上海外高桥造船有限公司党委开展主题教育同题共答联组学习调研活动

三、广泛共识平台，拓展民意汇合机制

在公共治理中，共识的构建是确保治理效果和合法性的基础。从治理效能的角度来看，不同主体的协作至关重要。如果缺乏共识，治理各方的利益很容易出现分歧，导致出现"集体行动困境"，进而增加政策执行的难度和成本。如果决策未能获得民众共识，即便政策本身合理，也可能遇到执行障碍。现代社会的变迁使共识构建面临挑战。社会联系日渐松散，尤其在超大城市尤为突出。

2023 年，习近平总书记在上海考察时强调，构建人人参与、人人负责、人人奉献、人人共享的城市治理共同体。上海在构建社会共识平台实践中，通过三重机制强化多元共治效能。一是通过制度化设计，将商户、居民、社会组织等不同社会力量纳入治理共同体，充分激发基层治理的协同效能，实现共识凝聚与民意表达的双向促进。二是通过建立规范化协商对话机制，针对城市治理中的利益分歧，运用听证协调、分层议事等工具，将矛盾化解转化为共识形成过程。三是以促进社会深度交往为目标，创新楼宇、园区等城市微单元互动载体，打破群体间疏离壁垒，在持续的社会互动中培育共同价值认知。

（一）构建制度化平台，促进多方民意充分表达

在超大城市治理现代化进程中，构建多元主体有序参与、民意诉求充分表达的制度化平台具有重要的战略意义。民意的形成不仅依赖个体意见的表达，更取决于多元利益主体之间的互动、协商与共识构建。只有当各相关主体充分参与，表达自身诉求，民意才能具备广泛的代表性与包容性，从而提升其在政策决策中的正当性与影响力。唯有通过制度化的协商机制，将不同立场的意见进行理性整合，使其在公共议题框架下达成共识，才能确保民意具备广泛的包容性、现实的可操作性以及政策转化的有效性。

嘉定区万商灯饰市场积极探索基层治理创新，成立"商业联合党支部"，构建商户、党员业主、市场管理方等多方协商议事的机制，以充分保障各方利益诉求的表达，并在协商过程中寻找平衡点。通过共识的形成引导民意的表达，进而形成社区共治的规范。通过这一机制，市场方与商户围绕安全隐患问题展开多轮协商，最终推动拆除了639个存在安全风险的防盗窗，显著降低了安全事故隐患。同时，市场内部侵财类警情下降67%，商户的安全感和市场的整体秩序得到了显著提升。

黄浦区璟湾社区则依托"楼道议事会"平台，构建常态化的社区协商机制，增强居民自治效能。该平台鼓励居民、物业公司、社区工作者等多元主体广泛参与，围绕社区管理问题展开深入交流。2023年，议事会共组织45场协商会议，吸引76%的租户主动参与，充分反映了平台的开放性与包容性。在此基础上，居民群体通过民主协商，共同制定了《住户守则》，进一步规范了社区公共生活。此外，针对居民普遍关注的宠物管理问题，议事会通过多轮意见征集与方案讨论，最终达成治理共识，并制定了具体的管理方案，实现了 86% 的履约率，在民意的表达过程中凝聚共识，为下一阶段民意的形成打下基础。

图 2-6　黄浦区璟湾社区"楼道议事会"

（二）搭建规则化程序，保障不同利益诉求的表达

在现代城市治理中，制度保障是确保民意有效传递和落实的重要基石。近年来，上海市各区结合自身特点，积极探索建立广泛共识平台，通过软性机制创新，不断优化公共服务供给，提升居民参与度，保障不同群体的利益诉求得到充分表达。各区围绕社区协商、数字治理和多元主体协作等方面展开实践，构建规则化的民意表达程序，使公众能够更加便捷、有序地表达意见。

闵行区名都古北社区的"自言治语"议事平台是一个典型的示范案例，体现了国际化社区如何通过多元主体的合作，推动基层治理的创新。该平台通过"问题发现—民主协商—执行监督"的闭环治理机

制，将居民的需求、专家的建议、政府部门的实施和社区的监督有效结合，为社区的治理带来了显著的成效。2024年，平台共征集到327项居民诉求，这些问题经过细致分类后，形成了如"漏水纠纷""非机动车道侵占""卫生服务站配药难"等共性议题。通过这一平台，社区居民不仅能够提出问题，还能参与方案的制定与监督，最大限度地提升了居民的治理参与感。更为重要的是，该平台采用了多元主体协同的治理模式[1]，将区镇人大代表、职能部门、法律专家、物业企业及居民代表等多方力量整合在一起，形成了"居民提需求—专家提方案—部门抓落实"的协作链条。这种多元主体的合作模式不仅提高了社区治理的效率，也有效解决了一些长期存在的治理难题。以"红松东路机动车占道问题"为例，平台通过协调交警部门安装电子监控设备，成功将违章率降低了89%。此外，平台还设立了多个细分平台，如"市民议事团""老外 Talk""她议事会"等，针对不同群体的需求

图2-7 长宁区古北社区"自言治语"议事平台

---

[1] 郁建兴、周幸钰：《从多元主义到多维主义：数字时代公共治理的模式变革》，《治理研究》2024年第4期。

提供个性化的议事服务。上海韩国商会通过"老外 Talk"提出了增设韩语服务窗口的需求，成功促成了社区服务中心引入双语志愿者团队。这些创新实践不仅增强了社区的凝聚力，也提升了居民对政府治理的信任度和满意度。

在松江区佘山镇，党群服务中心结合社区实际，打造了"'鑫'声畅言议事厅"，在党群服务阵地中实现了基层治理效能的转化。佘山镇的翠鑫苑居民区是一个典型的动迁安置社区，人口结构复杂，公共设施老化，治理难度较大。为应对这些挑战，佘山镇依托党群服务中心的图书阅览室，改造出了一个开放式议事空间。该空间的设计不仅打破了传统议事场所的局限性，还设置了可移动桌椅和电子屏，实现了"物理空间与治理场景"[1]的双重转换，每月开展议事活动四场，为居民提供了一个便捷的参与平台。值得注意的是，议事厅在运营过程中建立了"闭环管理机制"，即通过"一事一议一跟踪"的规则，确保每个议题得到充分讨论并及时落实。针对主干道照明不足的问题，议事厅协调物业部门在七天内完成了23盏路灯的更换，并通过微信群实时反馈进度，增强了居民的参与感和满意度。除此之外，佘山镇还创新设立了"党员主理人"制度，32名报到党员轮值主持议事会，充分发挥党员的先锋作用。[2]2024年，党员主理人制度帮助社区成功化解了充电桩维修、绿化修剪等多个矛盾，"12345"市民服务热线的投诉量同比下降了63%。在民生问题的解决方面，佘山镇通过议事厅成功创设了"跳蚤市场"这一满足居民需求的项目。该项目促

[1] 陈朝兵、易闻庆子：《空间营造：城市老旧社区情感治理何以有效？——以成都市下涧漕社区为例》，《东北大学学报》（社会科学版）2025年第1期。
[2] 孙明增：《新时代党员先锋模范作用的内涵、价值和实践路径》，《理论视野》2023年第6期。

成了 200 平方米场地的设立，制定了《交换公约》，首月就促成了 580 件闲置物品的交易，垃圾减量率也达到了 15%。此外，针对社区老年人群体的需求，议事厅还积极开展了老年友好改造。针对司法走廊灯带损坏的问题，党员志愿者牵头组建了维修小组，引入太阳能照明技术，改造后夜间人流量提升了 40%，老年人跌倒事故零发生。这些措施不仅提升了社区公共设施的使用效率，也改善了居民的生活质量，尤其是老年群体的居住环境得到了显著改善。

图 2-8 松江区佘山镇"鑫"声畅言议事厅

长宁区仙霞新村街道以破解基层民主参与难题为突破口，积极探索社区协商治理新模式，推动社区事务从"少数人决策"向"共同体共商"转变。威宁居民区曾长期面临业主大会"组织难、投票难、共识难"的困境，2021 年加装电梯项目因 137 户业主无法到场投票，导致项目搁置长达两年。对此，街道重构参与规则，搭建"线上＋线下"双轨制协商平台，将业主大会投票方式由"必须现场签字"优化为"多渠道自主表达"，让决策真正覆盖不同群体，确保民意充分体现。针对人户分离、境外居住等特殊群体，街道联合公证机构建立

"委托授权—身份核验—意见反馈"标准化远程投票流程，在虹仙小区充电桩增设方案表决中，32 名境外业主通过远程公证投票，82 岁的独居老人张阿姨在社区志愿者协助下完成代填选票，最终实现 480 户居民 71.8% 的有效参与率，相较传统模式提升 2.3 倍。与此同时，街道大力推动老年群体融入社区协商治理，组建"银龄顾问团"，在加装电梯方案设计过程中开展 43 场"楼道听证会"，收集 237 条老年居民意见，并针对采光、噪声等问题优化 11 处关键设计。同时，开发"语音播报＋大字版"电子投票界面，使老年群体投票率从 18% 跃升至 45%。

在具体决策机制上，仙霞新村街道建立"三阶议事"机制，前期通过"弄堂茶话会"广泛收集居民诉求，中期由法律顾问、行业专家组成"协商智囊团"对方案进行研判优化，后期召开"透明决策会"，由居民、专家、社区干部共同参与，现场答疑并最终表决。在非机动车车棚改造项目中，年轻上班族希望增设充电设施，而老年居民则因安全隐患表示反对。通过"三阶议事"机制，各方最终形成"分时充电＋智能监控"方案，即白天供老年人使用，夜间向上班族开放，并增设智能监测系统确保安全。这一创新模式让社区民主协商机制更具包容性，推动居民深度参与公共事务，培育起"我们的小区我们守护"的共同体意识，使社区治理更加高效、透明、富有温度。

（三）推动社会广泛合作，凝聚社会共识

协商共治搭建信任网络，推动规则共建。上海市黄浦区璟湾社区通过党建引领构建"居委会—住委会—业主方"协同机制，以制度性交往凝聚社会共识。社区每月召开"楼道议事会"，组织租户代表、法律专家等多元主体参与协商，形成"议题征集—民主协商—公约修订—执行监督"闭环流程。例如，针对楼道堆物问题，组织 45 场协

商会，结合《消防法》制定《公共空间管理细则》，明确"每日 18:00
前清空临时存放物品"等规则，租户履约率从 63% 提升至 86%。通过
开发"璟彩社区"线上系统，居民可实时查阅公约、参与投票，2024
年加装电梯项目电子投票率达 71.88%，推动工程提前 6 个月落地。这
种规则共建机制使租客从"被管理者"转变为"规则制定者"，社区
因公共事务引发的报警量下降 42%，形成基于契约的信任网络。[1]

　　多元主体协同激活社会资本，强化利益联结。静安区共和新路街
道以"善治街区党委"为核心，整合商户、社会组织等资源，构建
"街区事务委员会 + 主理人社团"双轨治理架构。通过"街区资源地
图"小程序，匹配商户闲置场地与居民需求，2024 年促成 47 场读书
会、技能培训活动，场地利用率提升 35%。企业员工发起的"绿色主
理人"社团组织旧物改造工作坊 32 场，推动商户参与"零废弃街区"
建设，垃圾减量率达 23%；快递员担任"流动网格员"，通过"随手
拍"功能上报隐患 237 件，占道经营处置时间从 2 小时缩短至 15 分
钟。街道还设立"小哥生活铺"24 家，为 2000 名快递员提供低价餐
饮、理发服务，推动"治理对象"向"治理力量"转变。这种多元参
与机制激活社区内生动力，新上海人融入指数提升至 79%，商户履约
率增长 29%。

　　规范内化与长效治理，实现价值认同。黄浦区通过"软硬法衔
接"推动社会共识向制度成果转化。制定《商居共治负面清单》，明
确"商户外摆不得占用消防通道""深夜禁用明火灶具"等 12 项标
准，商户违规率从 37% 降至 5%。数字化工具"这里很璟彩"系统设
置"共识积分"激励制度，68% 的居民通过参与治理兑换共享办公时

---

[1]　徐畅：《社区治理何以有效——基于助推和制度信任视角的再审视》，《浙江学刊》2024
　　　年第 3 期。

长，日均活跃用户占比 31%。静安区共和新路街道建立"银发盾牌"法律服务站，为老年人提供防诈骗咨询，2024 年挽回经济损失 43 万元；打造"知新图书馆儿童馆"，开展"小小规划师"活动，亲子家庭参与治理比例从 18% 提升至 61%。两区实践均注重文化浸润：璟湾社区将公约条款嵌入非遗扇面二维码，共和新路街道通过"茶文化进楼宇"传递治理理念，推动"硬约束"转化为"软认同"，实现治理效能与价值共识的双重提升[1]。

图 2-9　知新图书馆儿童馆

广泛共识平台的构建在促进社会协商、优化基层治理和提升公共服务效能方面取得了显著成效。通过制度化设计，平台有效整合多元主体，确保不同利益群体的诉求得到充分表达，并在协商过程中逐步达成共识，推动公共事务的高效解决。规则化的议事程序不仅降低了治理成本，还提高了政策执行的可操作性和公众的履约率，促进了社

---

[1]　杨雪冬：《重构政治仪式增强政治认同》，《探索与争鸣》2018 年第 2 期。

会共识的形成。此外，平台的运行促进了社区互动和社会信任网络的构建，使治理模式从单一管理向多元共治转变，进一步激发了社会活力。最终，广泛共识平台不仅优化了公共决策的合理性和执行力，还推动了治理模式的现代化，为社会稳定和可持续发展提供了有力支撑。

上海市在基层治理中不断推进创新实践，取得了显著成效。从"多格合一"治理模式到智能化治理的应用，再到共识机制的搭建，上海通过多元主体的协同合作和数据赋能，实现了治理效率的提升和社会服务的优化。这些实践不仅有效提升了城市管理的灵活性和透明度，也增强了居民的满意度和参与度。上海的治理经验表明，依托广泛共识平台和多元合作机制，能够有效推动社会面共识的凝聚，进而促进社会治理的现代化，为其他城市的治理创新提供了可借鉴的路径。

民意平台作为现代社会治理体系中的关键组成部分，其价值与意义远不止民意传递的畅通性和便捷性。其核心作用不仅体现在促进政府与民众之间的互动，更在于其全方位赋能政策制定、执行与评估的全过程。通过构建多元化的民意表达渠道，民意平台为政府决策提供了更为精准和全面的民意支持，从而增强了政策的科学性、回应性与民主性。

具体来说首先是提升政策回应性与科学性。[1]民意平台通过扁平化、直接化的信息传递机制，突破了传统科层制中层级传递的障碍，显著减少了信息滞后和传递过程中的损耗。这一机制使政府能够更加及时、准确地捕捉到民众的需求与关注，从而制定出更加精准和符合

[1]　李华胤：《政党回应功能与基层治理体制的重塑》，《广西大学学报》（哲学社会科学版）2024年第3期。

全过程人民民主：中国式民主的新探索

实际情况的政策。在突发公共卫生事件中，民意平台能够迅速收集民众对于医疗资源、社区防控等方面的诉求，帮助政府制定更具针对性和操作性的应急政策，从而提高了政策的响应速度和科学性。同时，通过平台的信息整合功能，各部门可以共享数据，形成政策协同。在城乡规划中，政府通过民意平台广泛征集民众对土地用途、交通规划等方面的意见，使规划更加契合民众需求。

其次是增强政府公信力与合法性。民意平台通过广泛吸纳民众参与[1]，增强了政策制定过程的透明度和民主性。民众通过平台表达意见、参与决策，不仅能感受到自身诉求被重视，还能增强对政府的信任与支持，进而提升政府的公信力和合法性。人大代表"家站点"平台通过面对面交流与线上反馈机制，使民众能够直接参与社区治理，从而显著提升了基层政府的公信力和透明度。这种互动形式有效缓解了民众与政府之间的信任鸿沟，使得政策推行更加顺畅。此外，平台的开放性和透明性还能够防止政府内部的决策黑箱化，从而进一步增强政策的合法性。

再次是促进社会和谐与稳定。民意平台的功能不仅体现在收集民意和反馈诉求，更在于其通过协商和调解不同利益群体之间的矛盾与冲突，促进社会的和谐与稳定。通过引入协商民主机制，平台能够将各方利益和诉求纳入政策决策过程中，避免因利益冲突导致的社会不满和矛盾激化。政协的协商民主平台通过协调各方利益，成功调解了城市治理中的不同部门之间的矛盾，推动了政策的顺利实施，有效促进了社会的和谐与稳定。在社区层面，民意平台通过线上线下结合的方式，及时调解邻里纠纷，提升了社区治理水平，增强了居民的安全

---

[1] 刘伟：《从"嵌入吸纳制"到"服务引领制"：中国共产党基层社会治理的体制转型与路径选择》，《行政论坛》2017 年第 5 期。

62

感和幸福感。

最后是推动治理现代化与创新。随着信息技术的迅猛发展，民意平台在推动社会治理现代化方面发挥着越来越重要的作用。平台通过大数据分析、人工智能等先进技术手段，提升了民意收集、分析和反馈的效率，为政策制定提供了更加科学和精准的依据。[1]借助平台的技术手段，政府可以实时监测民众情绪变化、分析舆情动态，并据此及时调整政策，以更好地满足民众的需求。除此之外，平台还通过信息技术构建了高效的互动机制，使得公共服务的供给更加个性化和精准化。

在现代社会治理体系中，民意传递存在的纵向、横向阻隔以及时效性不足是制约治理效能的重要瓶颈。在破解民意传递难题的实践中，上海以搭建民意平台为切入点，为现代治理提供了创新样本。立法建议平台通过扁平化的信息传递模式，打破了传统科层制的层级限制，直接链接基层民众与人大代表，让民众能够及时反馈意见并参与问题解决。在这一过程中，民意得以不受层级折损直接对接高层决策者，实现了从"表达"到"回应"的高效闭环，有效提升了民意表达的穿透性与迅捷性。协商治理平台则通过多元主体参与、分层协商机制提升民意包容性，依托智库支持与专业论证强化科学性，形成"收集—协商—转化—反馈"闭环管理。以制度性赋权保障诉求精准聚焦，以技术性赋能推动决策科学落地，实现民意表达从碎片化到系统化、从情感诉求到理性方案的跃升。广泛共识平台通过扩大社会交往，推动多元主体在公共事务中深度互动；以协商共治搭建信任网络，整合社会组织、商户等资源开展旧物改造、技能共享等活动，促

---

[1] 彭亚平：《照看社会：技术治理的思想素描》，《社会学研究》2020年第6期。

成群体间利益联结；以规则共建将治理共识内化为长效机制，通过线上公约、积分激励等柔性方式引导公众参与，增强社会资本积累。以上三类民意平台相互配合，从不同的角度提升上海市民意直通关键决策的水平，是上海市全过程人民民主实现的重要助力。

第三章

集思广益：汇聚民智破解治理难题

习近平总书记强调，"民主不是装饰品，不是用来做摆设的，而是要用来解决人民需要解决的问题的"[1]。在新时代民主发展的宏大版图中，上海市的"人民建议征集"机制堪称全过程人民民主理念的具象体现，是推动城市治理体系与治理能力现代化的重要引擎。它突破了传统信访制度的局限，从被动应对转变为主动出击，积极广泛地汇聚人民群众对社会发展各方面的诉求与解决之道，彰显出社会主义民主制度下人民当家作主的核心要义与强大生命力，不仅开启了民主参与的新路径，更将人民的智慧和力量深度融入城市治理的血脉之中，为构建共建共治共享的社会治理格局奠定了坚实基础。在信访制度基础上，嵌入"人民建议征集"机制可以有效拓展民意表达的路径，建立人民建议征集办公室实现"有门参与"，提高公众参与的主动性促进"有意参与"，搭建多元参与平台保障"有路参与"，构建资源分配与监督反馈网络达成"有效参与"。[2]2020年6月，中共上海市委九次全会通过《中共上海市委关于深入贯彻落实"人民城市人民建，人民城市为人民"重要理念，谱写新时代人民城市新篇章的意见》，明确指出要把握人民城市的主体力量，打造共建共治共享的社会治理共同体，紧紧依靠人民推进城市建设，充分激发人民群众的主人翁精

---

[1] 习近平：《在中央人大工作会议上的讲话》，《求是》2022年第5期。

[2] 汪仲启、杨洋：《全过程人民民主视域下民意表达制度化的路径机制研究》，《中共天津市委党校学报》2023年第6期。

神，强化人民群众参与的制度化保障。[1] 根据市委要求，2020 年 7 月，上海市人民建议征集办公室挂牌成立，与市委、市政府信访办公室合署办公，各区人民建议征集办公室随后陆续成立，如火如荼地展开了全市的人民建议征集工作。

"人民建议征集"机制的有效运行，不仅依赖于人民群众民主意识的觉醒和参与热情的激发，更依托于科学严谨的组织设计、项目设计与流程安排。在组织设计方面，需搭建起职责清晰、协同高效的工作架构，明确各部门在建议征集与处理中的职能定位，确保各项工作有条不紊地推进。项目设计则要求针对不同领域、不同类型的建议，量身定制精准的处理方案，使每一条建议都能找到与之适配的解决路径。流程设计上，构建起"征集—收集—办理—转化"的全流程闭环管理体系，借助数字化平台广泛收集建议，运用大数据、人工智能等技术精准分类分析，将建议分流至最合适的处理部门，确保了民众的"金点子"能够精准对接城市发展的需求，真正转化为推动城市进步的实际动力。在"人民建议征集"机制的创新实践中，上海通过持续的机制创新与实践探索，逐步形成了具有地域特色的治理范式。这种先行先试的实践探索，不仅为全国其他城市提供了可参考的实践样本，更通过跨区域经验交流，有效促进了全国社会治理创新水平的整体提升。

一、体系化架构——提升征集效能的组织设计

（一）夯实基础：组织支撑与制度保障

"人民建议征集"机制，宛如城市的"神经网络"，深入城市的每

---

[1] 邢亚飞：《在人大践行"全过程民主"中发挥人民建议征集的作用》，《上海人大月刊》2021 年第 3 期。

个角落，不仅为政策制定注入了科学性和民主性，还让城市的历史与记忆在市民的参与中得以延续。这一机制通过精密的组织架构、多元的征集渠道、规范的流程管理以及跨部门的协同合作，生动诠释了全过程人民民主的实践，使市民的声音成为推动城市发展的强劲引擎。

首先，顶层设计与组织架构的科学化是上海市"人民建议征集"机制的重要基石。在这一精心构建的体系中，市级、区级、街镇级三级协同的组织架构发挥着关键作用，各级机构间职责分工明确，互动关系紧密有序。上海市明确各级国家机关是开展人民建议征集工作的主体，并建立了市、区人民建议征集办公室，由信访部门牵头组织推动、协调落实属地人民建议征集工作。[1]市级人民建议征集办公室由市委、市政府信访办公室设立，处于整个组织架构的核心统筹地位，其主要职责在于制定全市人民建议征集工作的整体规划与战略方向，协调全市范围内重大建议的征集与处理，整合全市资源，确保建议征集工作与城市发展战略紧密结合。例如，在制定城市五年发展规划期间，市级办公室会牵头组织大规模的建议征集活动，面向全市各界广泛征求意见，为规划的科学性和民主性提供坚实基础。区级人民建议征集办公室作为中间枢纽，承担着承上启下的重要职责。一方面，要将市级相关的工作要求和部署细化落实到本区，根据本区的实际情况，制定具体的征集方案和工作流程；另一方面，负责收集、整理本区市民提出的各类建议，对其进行初步筛选和分类，将具有普遍性、代表性以及涉及区级层面问题的建议上报市级办公室，同时将一些适合在本区解决的建议转办至街镇级办公室或相关职能部门。浦东新区在推进老旧小区改造工作的过程中，区级办公室通过组织调研、召开

---

[1]　王小莉、史甜甜：《践行全过程人民民主　推动人民建议征集工作》，《民主法制建设》2023 年第 6 期。

座谈会等方式，广泛收集居民对于改造方案、工程进度、后续管理等方面的建议，并将这些建议进行梳理整合，推动改造工作顺利进行。街镇级办公室则是最贴近基层群众的前沿阵地，负责将建议征集机制切实落实到每一个社区、每一户家庭。工作人员深入社区，通过社区宣传活动、上门走访等方式，积极宣传人民建议征集工作，鼓励居民参与，倾听他们的心声和诉求。同时，及时将收集到的建议反馈给区级办公室，并跟踪落实情况，向居民反馈处理结果。比如在社区环境整治工作中，街镇级办公室工作人员挨家挨户了解居民对环境卫生、绿化养护等方面的意见，将这些建议迅速整理上报，推动社区环境得到有效改善。这种层层负责的组织体系，就像一条高效运转的链条，确保了建议征集工作从上到下的顺畅衔接与高效协作，实现了自上而下的指导与自下而上的反馈的有机结合，为人民建议征集工作的有序开展提供了坚实的组织保障。

其次，多元化征集渠道与平台的建设为市民参与提供了广阔空间。在信息化浪潮中，上海通过线上线下并行的方式，构建了丰富的信息来源和参与渠道。线上平台依托先进的信息技术，展现出便捷高效的优势。以"随申办"政务 App 为例，其作为市民参与城市治理的重要线上窗口，专门设置了人民建议征集板块，操作界面简洁易懂，市民只需轻松点击，就能随时随地提交自己的建议。因此，无论是关于交通拥堵治理的独到见解，还是对公共文化服务提升的美好期望，都能迅速传递到相关部门。除此之外，"12345"市民服务热线则是一条 24 小时不间断的民生服务热线，话务员们耐心倾听市民诉求，详细记录每一条建议，并及时将其录入系统，转交给相关部门处理。与此同时，领导信箱为市民与领导干部搭建起了直接沟通的桥梁，市民可以将一些重要的、具有建设性的建议直接发送给领导，得到更快速的关注和回应。线下渠道则侧重于面对面的互动交流，强化了与群众的情感连接。在社区服务中心，设置了专门的人民建议征集联系点，配备专业的工作人员，为居民提供咨询和建议提交服务，居民可以在这里与工作人员深入交流，详细阐述自己的想法和需求。企业和学校作为人员集中的场所，也成了重要的建议征集阵地。在企业中，通过职工代表大会、内部意见箱等形式，收集员工对于企业发展、周边配套设施建设等方面的建议；在学校，组织学生开展主题班会、征文比赛等活动，鼓励学生为校园建设、城市发展建言献策。此外，为真正打通"最后一公里"，让建议征集工作延伸至基层的各个层级，上海在党群服务中心、商业综合体、楼宇园区等多个场所设置了"人民建议征集工作站"和"红色邮筒"，使得群众能够随时随地提出建议，确保"哪里有问题，哪里就有建议箱"。同时，通过在人流密集场所广泛投放"人民城市建言有我倡议书"，进一步提升了人民建议征集工作的普及性和便利性。

图 3-1 "人民建议征集红色邮筒"

再次，制度化与规范化的征集流程管理确保了建议处理的高效与精准。上海市的"人民建议征集"机制在处理流程上明确规定了"七步法"，包括梳理研判、转办摘报、调研论证、协调督办、沟通反馈、落实转化、表彰奖励的环节。这一制度化的流程管理，确保了从建议的收集到转化落实的全过程都得到规范化操作，避免了信息流失或处理不当的情况，增强了制度的公信力与执行力。[1]

最后，跨部门协同与反馈机制的完善为建议的转化提供了有力保障。为了解决建议转化中的跨部门协同问题，上海注重加强部门间的合作与沟通，设立了跨部门工作小组，推行数据共享平台，确保各个职能部门能够高效协作，减少信息壁垒。同时，相关单位还建立了常态化、透明的建议反馈机制，确保公众能够实时了解其建议的处理进度和政策执行情况，增强了治理的透明度与群众的信任感。为进一步贯彻"人民城市"重要理念，推进绿色交通更高质量发展，助力交通强国建设，市交通委、市人民建议征集办于 2023 年 2 月 8 日至 22 日开展上海市"绿色出行"主题宣传口号征集活动，邀请广大市民积极参与，共同绘就"绿色出行"美好蓝图，其间通过进网络、进社区、进商场、进交通场站等渠道，共计收到市民"金点子"2200 余条，充分展现了市民参与的热情和智慧。[2]在城市交通拥堵治理建议的转化过程中，涉及交通、公安、规划、建设等多个部门，需要组建专门的跨部门工作小组管理各单位，并定期召开会议，共同商讨治理方案。在此期间，交通部门负责优化公交线路、调整交通信号配时；公安部门加大交通执法力度，维护交通秩序；规划部门根据城市发展规划，合理规划道路布局；建设部门推进道路建设和改造工程。通过各部门的协同合作，形成了综合治理的强大合力。此外，数据共享平台的

---

［1］汪仲启、杨洋：《全过程人民民主视域下民意表达制度化的路径机制研究》，《中共天津市委党校学报》2023 年第 6 期。

［2］市交通委：《市交通委、市人民建议征集办联合开展上海市"绿色出行"主题宣传口号征集活动》，上海市政府网，2023 年 3 月 2 日。

建立，打破了部门之间的数据孤岛，进一步强化了跨部门协同效应。例如在社区养老服务建议的处理中，民政部门掌握着老年人的基本信息和养老服务需求数据，卫健部门拥有老年人健康状况数据，社保部门则负责养老金发放等信息。通过数据共享平台，各部门能够实时获取相关数据，为制定科学合理的养老服务政策提供全面的数据支持。同时，相关部门建立了常态化、透明的建议反馈机制，确保公众能够实时了解其建议的处理进度和政策执行情况，并通过政府官网、政务新媒体、社区公告栏等多种渠道，及时发布建议办理信息，接受公众监督。对于一些重大建议的办理情况，有关单位还会组织新闻发布会，向社会公开通报相关内容与结果，增强了治理的透明度与群众的信任感。

通过这些措施，上海的"人民建议征集"机制不仅成为城市治理的重要工具，更成为市民参与城市建设的桥梁与纽带，让每一个声音都能在城市的发展中找到回响。

（二）队伍建设：政治素养与专业能力

人民建议要进入决策系统，必须经过建议征集工作人员的筛选和提炼加工，故而建议征集工作人员队伍的素养，对人民建议的采纳与使用至关重要。一支质量高素质硬的建议征集工作人员队伍，会为人民建议发挥作用增添助力。[1]

政治素养是建议征集工作人员的首要素养。习近平总书记强调，要增强"四个意识"、坚定"四个自信"、做到"两个维护"，这为建议征集工作人员的政治素养提升提供了根本遵循。建议征集工作直接关系到民众的诉求能否准确传达，关系到政府决策的科学性与民主性，工作人员必须具备坚定的政治立场，深刻理解党和国家的方针政

---

[1]　刘树燕：《治理现代化背景下人民建议征集制度研究》，《理论学刊》2021 年第 5 期。

策，准确把握社会发展的大方向。在实际工作中，政治素养体现在对政策的敏锐洞察力和准确解读能力上。例如，在城市更新建议的征集过程中，工作人员需要深刻领会国家关于城市发展的战略部署，如新型城镇化建设、绿色低碳发展等理念，才能准确判断市民提出的建议是否符合政策导向。对于一些具有前瞻性但与现有政策存在一定差异的建议，工作人员要以政治素养为指引，深入研究政策的弹性空间，积极向上级反馈，为政策的优化调整提供参考。同时，在面对复杂的社会舆论和多元的利益诉求时，工作人员要保持政治定力，不被外界干扰所左右，始终围绕党和政府的中心工作开展建议征集与处理工作，确保人民建议的征集与处理符合国家和人民的根本利益。

人民立场是整个素养的核心，是决定建议征集工作效果的关键，直接影响"人民建议征集"机制的效能。人民建议由社会公众提出，自然会在建议件上呈现出质量参差不齐的特点。对各种各样的人民建议，工作人员要具备基本的理解、同情、包容和善意的立场，要"在思想上尊重群众、感情上贴近群众，保持对人民的赤子之心"[1]。在处理人民群众的建议时，工作人员要换位思考，充分理解建议提出者的处境和需求。以老旧小区加装电梯的建议征集为例，不同楼层的居民可能会有不同的诉求，低楼层居民可能担心采光和噪声问题，高楼层居民则迫切希望改善出行条件。面对这种复杂情况，工作人员要耐心倾听各方意见，对每一种声音都给予尊重和重视，不能因为建议的复杂程度或与自身观点的差异而有所偏袒。对于一些看似不合理或难以实现的建议，工作人员也不能简单地否定，而是要深入了解背后的原因，通过沟通和引导，寻找解决问题的最佳途径。只有秉持坚定的人

[1]《习近平谈治国理政》第3卷，外文出版社2020年版，第508页。

民立场，工作人员才能真正做到为人民服务，将人民建议征集工作落到实处，提升民众对政府工作的信任和支持。

　　行政能力是建议征集工作人员有效履行职责的重要保障。它涵盖了多方面的能力，包括信息收集与分析能力、沟通协调能力、组织策划能力等。在信息收集与分析方面，工作人员要善于运用各种渠道和工具，广泛收集人民建议。随着信息技术的发展，线上平台成为建议征集的重要渠道，工作人员要熟练掌握"随申办"政务 App、"12345"市民服务热线等平台的操作，及时准确地收集市民建议。同时，要具备对海量信息进行筛选、分类和分析的能力，能够从纷繁复杂的建议中提取出有价值的信息，为后续的处理工作提供依据。例如，在交通拥堵治理建议的收集中，工作人员要对市民提出的关于优化公交线路、调整信号灯时长、加强交通执法等建议进行综合分析，找出问题的关键所在，为制定科学合理的治理方案提供支持。沟通协调能力也是行政能力的重要组成部分。建议征集工作涉及多个部门和社会各界，工作人员需要与不同背景的人员进行沟通协调。在与市民沟通时，要做到耐心倾听、清晰表达，及时反馈建议的处理进度和结果，增强市民的参与感和满意度；在部门之间的协调中，工作人员要发挥桥梁和纽带作用，促进各部门之间的信息共享和协同合作。以"一江一河"生态治理建议的处理为例，工作人员需要协调环保、水利、农业等多个部门，共同商讨治理方案，明确各部门的职责分工，确保建议能够得到有效落实。组织策划能力同样不可或缺。工作人员要能够根据工作目标和任务，制定详细的工作计划和方案。在开展大规模的建议征集活动时，如城市发展规划建议征集，工作人员要精心策划活动流程，确定活动的时间、地点、参与对象等，组织专家学者、市民代表等参与调研和论证，确保活动的顺利进行，提高建议征集的质量和效率。

建议征集工作人员的政治素养、人民立场和行政能力是一个有机整体，相互关联、相互促进。只有不断提升这三方面的素养，才能打造一支质量高素质硬的建议征集工作人员队伍，为人民建议发挥作用提供坚实保障，推动人民建议征集工作不断迈上新台阶，为实现国家治理体系和治理能力现代化贡献力量。

（三）制度兜底：查漏补缺与整体提升

党的十九大报告指出："我国社会主义民主是维护人民根本利益的最广泛、最真实、最管用的民主。发展社会主义民主政治就是要体现人民意志、保障人民权益、激发人民创造活力，用制度体系保证人民当家作主。""人民建议征集"机制能够在上海高效运行，离不开一系列完善的制度保障。这些制度涵盖了法律法规、政府政策以及内部工作规范等多个层面，为人民建议征集工作的有序开展、长效运行奠定了坚实基础。

首先，在法律法规层面，虽然目前尚未有一部专门针对人民建议征集的国家层面的法律，但在我国现有的法律体系框架下，诸多法律条款为人民建议征集提供了合法性依据与权利保障。《中华人民共和国宪法》明确规定公民享有言论自由、批评建议权等基本权利，这是"人民建议征集"机制的根本法律基石。公民基于宪法赋予的权利，能够依法对国家事务、社会事务提出自己的见解和主张，为政府决策提供参考。在地方立法层面，上海市积极探索，通过制定地方性法规来进一步规范和保障人民建议征集工作。例如，在《上海市信访条例》中，明确将人民建议征集纳入信访工作的重要内容。条例第一章第六条规定：各级国家机关应当建立、健全人民建议征集制度，并可以通过信访渠道，征集、梳理、分析信访人对社会公共事务提出的建议和意见。对有利于促进国民经济和社会发展、改进国家机关工作的

建议和意见，应当予以采纳。[1]这一规定从法规层面明确了人民建议
征集的工作主体、工作流程以及反馈机制，为人民建议征集工作在上
海的落地实施提供了直接的法律遵循。该条例还对侵害公民建议权等
行为明确了相应的法律责任，保障了公民参与建议征集的合法权益。
与此同时，上海市政府及相关部门出台了一系列政策文件，从操作层
面细化和完善了"人民建议征集"机制。《上海市人民建议征集若干规
定》是指导全市人民建议征集工作的重要政策文件，该规定详细阐述
了人民建议征集的工作原则、组织架构、征集范围、办理流程等内容。
在工作原则上，强调坚持以人民为中心，遵循依法、便民、高效的原
则，确保征集工作的公正、公平、公开；在组织架构方面，明确了市
级、区级、街镇级三级协同的组织体系以及各自职责，保障了工作的
顺畅开展；在征集范围上，涵盖了经济发展、社会民生、城市建设、
生态环保等多个领域，全面拓宽了市民参与的广度；办理流程则明确
了从建议收集、梳理研判、转办摘报、调研论证、协调督办、沟通反
馈到落实转化、表彰奖励等全流程的操作规范，使人民建议征集工作
有章可循。[2]此外，针对不同领域的建议征集工作，上海市还出台了
专项政策文件。比如在城市规划建设领域，《上海市城市更新条例》鼓
励市民参与城市更新项目的建议征集，依法保障公众在城市更新活动
中的知情权、参与权、表达权和监督权，规定在项目规划编制、方案
设计等环节，应当充分征求市民意见，将市民的合理建议纳入规划方
案。[3]在社区治理方面，《关于加强和改进社区治理的意见》明确提出
要建立健全社区居民建议征集机制，通过社区议事会、居民代表大会

[1]《上海市信访条例》，国家法律法规数据库网站，2018年5月24日。

[2]《上海市人民建议征集若干规定》，上海城市法规全书网站，2021年7月1日。

[3]《上海市城市更新条例》，上海城市法规全书网站，2021年9月1日。

等形式，广泛收集居民对社区建设、物业管理、公共服务等方面的建议，推动社区治理的民主化、科学化。

其次，在内部工作制度层面，为确保人民建议征集工作的高效运行，各级人民建议征集部门还建立了一系列内部工作制度。首问负责制是其中一项重要制度，即当市民通过各种渠道提出建议时，首个接待的工作人员或部门必须负责到底，不得推诿。工作人员要详细记录建议内容，及时进行初步审核，并按照规定流程将建议转交给相关责任部门。如果建议涉及多个部门，首问负责部门要负责协调沟通，确保建议得到妥善处理。此外，限时办结制度也在保障工作效率方面发挥着关键作用。对于市民建议，各承办部门必须在规定的时间内完成办理工作并反馈结果。对于线上线下反映的"办不成事"问题，要坚持问题导向、结果导向、效果导向，能够当场解决的应当场解决，不能当场解决的原则上落实"1、3、5"限时办结（即接单后 1 个工作日内先行联系企业群众沟通了解具体问题；对简单问题当日内办结回复，对一般问题 3 个工作日内办结回复；对复杂问题 5 个工作日内办结回复），而对确实难度较大问题，要及时反馈进行解释说明，并做好跟踪服务。[1] 同时，为了提升工作人员的业务水平和服务质量，还建立了评估考核制度，将政务服务中心标准化建设与管理工作纳入"一网通办"评估考核范围。各区、各部门要结合自身特点，进一步细化评估考核标准，强化"一网通办"政务服务"好差评"结果运用，加强对政务服务中心日常监督，注重第三方测评等手段运用，主动公开监督评估结果。[2] 这些从法律法规到政府政策，再到内部工作

[1]《关于印发〈崇明区政务服务线上线下"办不成事"反映窗口建设运行工作机制〉的通知》，上海市崇明区政府网，2023 年 10 月 26 日。

[2]《上海市人民政府办公厅印发〈关于深入推进"一网通办"进一步加强本市政务服务中心标准化建设与管理的意见（试行）〉的通知》，上海市政府网，2020 年 2 月 24 日。

制度的全方位制度保障体系，相互配合、协同发力，为上海市"人民建议征集"机制的稳定运行和持续发展提供了坚实的制度支撑，推动人民建议征集工作不断迈上新台阶。

二、项目化征集——人民建议的"精确制导"

"人民建议征集"机制的高效运行，关键在于项目化征集的精准设计与实施。这一创新方式深度回应民意需求，促使上海人民建议征集从"广撒网"转向"精准聚焦"，提升建议针对性与实用性，为政策制定筑牢民意根基。其主要特征包括征集网络线上线下全覆盖、征集范围面向人群和事项全方位以及主动征集在民生项目各阶段常态化。

以征集网络全覆盖为例，目前上海市正在加速构建全面系统的人民建议征集渠道网络，畅通"指尖上"，嵌入"家门口"，让每一个声音被听见。[1] 这些特征不仅提高建议收集效率、丰富建议来源，还让政策更贴合民众需求，增强民众参与感与获得感，实现民意与政策高度契合，为城市治理注入活力。与此同时，为了更精准、高效地收集民众建议，满足城市发展多元需求，可以依据不同的社会发展维度和民生关切重点，将"人民建议征集"机制项目划分为四类。民生实事项目征集聚焦民众日常生活的基本保障与需求满足；人民城市专项征集着眼于以人民为中心的城市整体建设与品质提升；发展规划建议征集立足城市长远发展的战略布局与方向指引；旧改建议征集则着力于改善老旧区域居民的居住条件与生活环境。这些分类各自承载着独特使命，从微观到宏观，全方位覆盖城市发展与民生福祉的各个关键领域，为后续深入分析与有效利用民众建议，推动城市高质量发展奠定

---

[1] 何易：《上海发布人民建议征集"上海样本"》，《文汇报》2023 年 6 月 28 日。

坚实基础。

（一）民生实事征集：汇聚百姓关切，点亮生活微光

"人民建议征集"机制在上海民生领域的发展进程中，宛如一座坚实的桥梁，连接着政府与民众，为民生福祉的提升注入源源不断的动力。民生实事直接关系到民众日常生活的基本需求和生活质量，涵盖教育、医疗、就业、养老等多个方面，是民众最关心、最直接、最现实的利益问题。此类建议征集聚焦于提升民众生活质量，侧重于具体、可量化的民生改善目标，并以年度为单位设计政府绩效考核内容，强化责任落实，确保项目实施效果。

在教育领域，随着城市的快速发展，民众对优质托育服务的需求日益迫切，如何增加普惠托育服务供给，建设高品质的"宝宝屋"，成为全社会关注的焦点。徐汇区积极响应民众需求，区教育局联合区人民建议征集办公室开展"我为加快打造徐汇高品质托育服务献一计"活动，借助"随申办"App、上海市徐汇区人民政府门户网站等多元平台发布征集公告，广泛向民众征集建议。[1] 这一举措吸引了众多民众积极参与。民众纷纷围绕托育服务的各个环节建言献策，从师资配备、课程设置到场地规划等，提出了许多极具建设性的意见。徐汇区相关部门对这些建议进行精心梳理与深入研究，将其中合理且可行的建议逐步融入托育服务的规划与建设中，为提升区域内托育服务质量奠定了坚实基础。

就业是民生之本，关乎着每个家庭的生活质量与社会的稳定发展。在就业市场不断变化的背景下，如何为青年群体提供更优质的就业服务，成为政府与社会共同关注的课题。黄浦区人社局基于前期收

---

[1]《我为加快打造徐汇高品质托育服务献一计》，上海市徐汇区政府网，2024年8月14日。

集的 109 份调查问卷，开展"向新而行就在黄浦，打造 15 分钟就业服务圈"人民建议专项征集市民圆桌活动。活动邀请了区人民建议征集办、团区委、区工商联、区就促中心等多部门以及就业创业指导专家、大学生代表、创业者代表等 30 余人。与会代表们围绕强化青年职业素养、加强招聘对接服务、支持青年自主创业和灵活就业以及做好青年就业权益维护工作等多个方面，各抒己见、积极建言献策。区人社局表示将认真梳理研究各方代表提出的建议，努力实现民之所盼和公共服务、民之所需与政策供给的"精准对接"。

图 3-2　人民建议专项征集市民圆桌活动

医疗领域与民众的生命健康息息相关。在慢性病患者日益增多的情况下，如何保障他们便捷用药成为一大难题。退休市民罗克平多年来一直关注民生问题，积极参与人民建议征集工作，提出 80 多条关于医疗、民生、养老、教育等方面的建议，其中不少建议被相关部门采纳。[1] 他提出的关于保障出国出境人员有药可用的建议，得到医

---

[1] 罗克平：《人民建议征集是人人奉献的平台，更是人人出彩的舞台》，《新民晚报》2024 年 2 月 24 日。

保部门的高度重视并被采纳，在本市开展了医保慢性病长处方试点工作，为众多慢性病患者带来了实实在在的便利。这些案例充分彰显了"人民建议征集"机制在改善民生福祉方面的强大效能。从全市范围的民生问题聚焦，到市民积极建言献策，再到政府部门的有效落实，每一个环节都紧密相扣，共同推动着城市民生事业不断向前发展，让民众切实感受到城市发展带来的红利，提升了民众的获得感、幸福感与安全感。

（二）人民城市专项征集：聚焦城市建设，共绘美好蓝图

2019 年习近平总书记考察上海时指出，"城市是人民的城市，人民城市为人民"，突出强调人民的主体性[1]。"人民城市"这一重要理念深刻揭示了城市建设与人民之间的紧密联系，也凸显了人民城市专项征集的重要价值。正如习近平总书记在中央城市工作会议上强调的，城市的核心是人，关键是十二个字：衣食住行、生老病死、安居乐业。这清晰地指明了城市建设需以人民需求为导向。人民城市专项征集，作为践行这一理念的关键举措，致力于汇聚市民的智慧与力量，引导市民深度参与城市的规划、建设和管理，成为城市全方位发展的强大助推器。它不仅是城市发展的现实需求，更是坚持"以人民为中心"发展思想的生动实践，与其他民生领域的建议征集相互补充，共同构建起城市发展的多元参与格局。

打造绿色生态城市，是人民城市建设的重要目标，也是提升市民生活质量的关键所在。为实现这一目标，上海市开展了城市绿化与生态保护的人民建议征集活动，鼓励市民为城市生态环境建设出谋划策。市民们积极参与，围绕增加城市绿地面积、改善河流湖泊生态环

---

[1]《深入学习贯彻党的十九届四中全会精神　提高社会主义现代化国际大都市治理能力和水平》，《人民日报》2019 年 11 月 4 日。

境、推进垃圾分类等方面提出众多建设性建议。其中，关于在城市废弃工业用地建设生态公园的建议，获得了广泛认可并被逐步落实。宝山区一处废弃的钢铁厂旧址，长期闲置且对周边环境造成一定影响。市民建议在此建设生态公园，既能盘活闲置土地，又能改善区域生态环境，实现宝山"city walk"。[1] 相关部门采纳这一建议后，对该地块进行全面规划和改造，保留部分具有历史价值的工业遗迹的同时，将其与新建的绿地、湖泊、休闲步道等有机融合，打造出集休闲、娱乐、生态教育于一体的生态公园。如今，这里成为市民休闲娱乐的热门场所，不仅改善了区域生态环境，还传承了城市的工业文化记忆。

图 3-3 钢雕一号：除尘塔

[1]《关于对区九届人大四次会议 075 号建议的答复》，上海市宝山区政府网，2024 年 8 月 2 日。

　　社区是城市的细胞，完善社区治理是人民城市建设不可或缺的一部分。在杨浦区长白新村街道，228 街坊的焕新历程成为"人民建议征集"机制赋能社区治理的生动样本。这座承载着工人阶级奋斗记忆的历史社区，通过构建"需求感知—方案生成—效果反馈"的全周期征集体系，实现了从传统居民区到现代社区的功能跃升。街道党工委创新搭建"三维立体"征集网络，纵向建立"街道—居委会—楼组"三级联动机制，横向整合 8 个政务服务平台，线上开通随申办专属通道，改造前通过 1500 余份问卷调查、6 次专项调研、10 余场居民议事会收集有效建议 327 条，其中 92% 的受访者希望保留历史建筑风貌、85% 的居民提出完善社区服务设施需求。在方案制定阶段，街道建立"双筛双审"转化机制，由居民代表组成的"金点子评审团"初审筛选出 123 条可行性建议，再经专业委员会终审形成 38 项具体措施。居民提出的历史建筑活化利用建议转化为上海工人新村展示馆，社区服务综合体需求催生了集餐饮、健身、医疗于一体的邻里中心。在后续治理中，街道开发"228 街坊智慧管理平台"，集成建议征集、事项办理、进度查询等功能，累计处理居民诉求 217 件，平均响应时间缩短至 2.3 小时。通过大数据分析精准识别服务缺口，推动新增 2 个社区食堂、3 个健身点，车位利用率提升至 85%。同时建立"三查三改"反馈机制，每月开展满意度调查，每季度组织第三方评估，使社区服务始终与居民需求同频共振。数据显示，改造后居民参与志愿服务人次增长 230%、矛盾纠纷发生率下降 68%，真正实现了"人民建议征集—治理效能提升—人民城市发展"的良性循环[1]。

---

[1]《杨浦区长白新村街道"蝶变新生" 绘就社区治理新"枫"景 | 新时代"枫桥经验"在上海》，"上海信访发布"微信公众号，2024 年 2 月 2 日。

图 3-4　上海市 228 街坊

　　这些案例充分展示了人民城市专项征集在完善人民城市建设中的关键作用。通过"人民建议征集"机制，市民的智慧得以转化为城市发展的实际行动，推动城市在交通、生态、文化等多个方面不断进步，真正实现"人民城市人民建，人民城市为人民"的美好愿景。

（三）发展规划建议征集：广纳八方良策，引领未来方向

　　在城市发展的宏伟蓝图中，发展建议规划类专项征集是至关重要的一环。这类征集活动紧紧围绕城市的长期发展战略，紧密契合国家战略导向，诸如党和政府就"十四五"规划编制工作开展问计问策活动，一方面通过线下发放问卷、召开座谈会等形式收集建设性意见[1]；另一方面依托人民网领导留言板、"学习强国"等客户端开展为期两周的网上建议征集活动，累计收到网民建言 100 多万条，为起草纲要文件提供价值性参考。它宛如一座桥梁，一头连接着国家战略的宏观指引，另一头则连接着城市发展的具体实践。通过这一桥梁，城

————————

[1] 安蓓、陈炜伟、谢希瑶：《"十四五"规划和 2035 年远景目标纲要编制记》，《决策探索（上）》2021 年第 5 期。

市规划得以与国家战略同频共振，精准定位自身在全国发展大局中的坐标，充分发挥自身优势，实现差异化、特色化发展。同时，广泛汇聚民智的过程，让城市发展规划不再是空中楼阁，而是深度扎根于市民的实际需求，极大地提高了规划的科学性与可行性，为城市的可持续发展筑牢根基。

回顾上海市的城市发展历程，发展建议规划类专项征集的身影无处不在，发挥着不可或缺的作用。以上海"一江一河"发展规划来说，黄浦江与苏州河作为上海的母亲河，不仅见证了城市的兴衰变迁，承载着深厚的历史记忆，更寄托着城市未来发展的无限期望。在"一江一河"沿岸地区的建设规划阶段，上海市积极开展大规模的人民建议征集活动，充分调动市民的参与热情。一时间，市民们纷纷踊跃建言献策，从景观打造、功能布局到文化传承等多个维度，提出了众多富有建设性的想法。有人提议在黄浦江沿岸增设更多亲水平台，让市民能更亲近江水，沉浸式感受滨水空间的独特魅力；也有人建议在苏州河沿岸妥善保留并精心修缮历史建筑，深入挖掘其背后的文化故事，打造别具一格的文化长廊，让城市的历史文脉得以延续传承。相关部门高度重视这些建议，经过充分的调研与论证，将其巧妙地融入

图 3-5　上海市"一江一河"生活秀带

规划之中，合理布局各项设施。如今，黄浦江两岸已然成为集观光、休闲、文化展示于一体的城市客厅，成为上海的一张亮丽名片；苏州河沿岸也成功实现了从"工业锈带"到"生活秀带"的精彩蜕变。

城市的发展不仅体现在宏观的空间布局与景观塑造上，更体现在市民日常生活的点滴之中，"15分钟社区生活圈"的打造便是生动例证。习近平总书记指出，城市规划在城市发展中起着重要引领作用，考察一个城市首先看规划，规划科学是最大的效益。一个步行生活圈的连点成线、织线成面，诠释"为人民创造更加幸福的美好生活"的生动实践。[1]上海市规划编审中心主任杨晰峰解释说："15分钟社区生活圈，就是以步行15分钟作为社区生活的空间尺度，紧紧围绕社区居民的衣食住行来诠释新时期的生活方式，营造低碳、健康的生活方式和便利、共享的空间品质。"[2]上海在推进"15分钟社区生活圈"建设进程中，深知群众智慧的力量，通过线上问卷、线下社区座谈会等多元方式，广泛征集市民意见。以杨浦区为例，市民们反馈社区内存在老年人活动场所不足、儿童游乐设施陈旧等问题。相关部门迅速响应，依据这些建议，在社区改造过程中，积极增加老年活动室的面积，为老年人提供舒适的休闲交流空间；及时更新儿童游乐设施，保障孩子们的游玩安全与乐趣；还精心规划建设口袋公园，让居民在家门口就能拥有休闲娱乐的好去处。在商业配套方面，也充分参考居民对于生鲜超市、便利店布局的建议，对商业网点进行优化设置，让居民的日常生活更加便捷高效。

---

[1]《各地深入践行人民城市理念，共建和谐美丽城市，共创幸福美好生活》，《人民日报》2024年11月22日。

[2]《老小区居多的上海打造社区生活蓝图——15分钟生活圈来了》，《人民日报》2018年4月13日。

图 3-6　杨浦区"15 分钟社区生活圈"之社区长者食堂

随着时代的发展，产业升级与科技创新已成为城市发展的核心驱动力。在"十四五"规划期间，上海在这些关键领域的突破与发展，同样离不开发展建议规划类专项征集的有力支撑。就拿人工智能产业发展规划来说，通过广泛征集市民和企业的建议，相关部门精准洞察到产业发展面临人才短缺、应用场景拓展不足等瓶颈问题。针对这些问题，迅速制定一系列针对性政策，大力加大人才引进力度，积极搭建产学研合作平台，促进知识与技术的高效转化；同时，主动拓展人工智能在医疗、交通、教育等领域的应用场景，让科技成果更好地服务于社会民生。

总而言之，发展建议规划类专项征集宛如一条无形的纽带，将社会各界的智慧紧密汇聚在一起，深度融入上海市城市发展战略规划与实施的各个环节。从城市空间的优化布局，到社区生活品质的提升，再到产业的创新升级，它都发挥着不可替代的关键作用，让城市发展的成果真正惠及每一位市民，让上海这座城市在发展的道路上不断焕发出新的生机与活力。

（四）旧改建议征集：倾听居民心声，老城容颜焕新

城市更新是提升人民群众获得感、幸福感，发展全过程人民民主的最佳实践场。[1]旧改建议征集，作为连接政府与居民、汇聚民智民力的重要桥梁，正发挥着日益重要的作用。它是指在老旧城区改造项目开展过程中，通过各种渠道广泛收集居民、专家、社会组织等各方对于改造方案、实施步骤、后续管理等方面的意见和建议，以确保改造工作能够精准对接居民需求，实现城市的可持续发展。老旧城区往往存在建筑老化、设施陈旧、空间布局不合理等问题，严重影响居民的生活质量。而旧改建议征集能够让居民充分表达自己的诉求，使改造方案更具针对性和可行性。通过收集各方建议，政府可以全面了解老旧城区的实际情况，避免盲目改造，提高资源利用效率。同时，积极参与建议征集过程，能增强居民对旧改工作的认同感和归属感，激发他们主动参与城市建设的热情，形成政府与居民共同推动城市发展的良好局面。

2024年11月，在"人民的城市——上海打造人民城市最佳实践地"主题展期间，一场聚焦人民建议征集的特别活动引发关注。40余位市民代表通过沉浸式观展和互动交流，共同感受人民建议在城市更新中的独特价值。卫百辛集团副总经理孙薇分享的杨浦区凤南一村城市更新案例，成为本次活动的生动注脚。这个创下"三个100%"纪录的旧改项目，在150天内完成了从意愿征询到自主搬迁的全流程。通过创新采用"人民建议征集＋城市更新"工作模式，项目组在规划设计阶段就建立起常态化沟通机制。居民代表参与的"圆桌会议"、

---

[1] 刘璐、张绍云：《杨浦：聚焦旧改打造最佳"实践场"》，《上海人大月刊》2022年第9期。

线上线下双轨征集渠道、改造方案动态调整机制，让1500余户居民的个性化需求得到充分表达。数据显示，项目共收集有效建议237条，其中68%的核心建议被纳入最终方案。在具体实施过程中，居民提出的"15分钟社区生活圈"规划理念，推动了周边商业配套的升级；"加装电梯表决规则优化"建议，使项目表决效率提升40%；"历史建筑活化利用"方案，则让建于1958年的工人新村门楼变身社区文化客厅。[1] 这些实践印证了城市更新的核心在于"让居民成为改造的主角"这一生动理念。凤南一村的改造历程表明，"人民建议征集"机制不仅是政策传导的渠道，更是社会治理的重要工具。通过构建"需求发现—方案生成—效果反馈"的闭环系统，政府得以精准把握民生痛点，企业能够优化资源配置，居民则从被动接受转变为主动参与。这种多方协同的治理模式，正在重塑城市更新的逻辑链条。当前，上海正探索建立"全周期人民建议征集"机制，在项目谋划、方案制定、实施评估等阶段持续拓宽参与渠道。未来，随着数字化平台的迭代升级和社区协商制度的不断完善，人民建议征集必将为城市治理现代化注入更多活力。

三、闭环式流程——建议征集的有效落地

在现代社会治理体系中，人民建议征集办理落地机制处于极为关键的位置，是实现民众建设性意见从提出到实际应用完整闭环的核心环节。其重要性主要体现在以下三个方面：首先，它是全过程人民民

---

[1]《"好声音"为城市赋能 "金点子"为民生加温——共"建"人民之城 "议"起点亮上海 人民建议征集大家谈活动顺利举办》，"上海信访发布"微信公众号，2024年11月29日。

主的重要实践载体，为民众提供了参与社会治理的有效途径，使民众的意愿能够切实融入政策制定过程，推动社会主义民主政治的发展。2021年，习近平总书记在中央人大工作会议上对全过程人民民主的内涵作出系统阐述："我国全过程人民民主实现了过程民主和成果民主、程序民主和实质民主、直接民主和间接民主、人民民主和国家意志相统一，是全链条、全方位、全覆盖的民主，是最广泛、最真实、最管用的社会主义民主。"[1]"信访工作是党的群众工作的重要组成部分，是党和政府了解民情、集中民智、维护民利、凝聚民心的一项重要工作，是各级机关、单位及其领导干部、工作人员接受群众监督、改进工作作风的重要途径。"[2]由此可以看出，信访与全过程人民民主在主体、客体、政治逻辑等方面高度吻合。[3]其次，该机制能够广泛收集民众意见，精准对接社会关切，高效解决民众在生活中面临的各类难题，切实提升民众生活质量，增强民众的获得感与幸福感。最后，通过及时回应民众诉求，人民建议征集办理落地机制增强了民众对政府工作的信任与认可，进一步巩固了政府与民众之间的信任基础，为社会的和谐稳定发展创造了有利条件。

为保障这一机制的高效运行，构建了科学的流程体系。七步流程法系统串联建议从收集到反馈的全流程，确保每一步紧密衔接；"三个一理念"整合资源，实现一站式、系统性的建议处理；四项管理机制，即办理、转化、评估考核和宣传机制，从不同层面发力，保障"人民建议征集"机制的良好运转。办理机制推动建议快速处理，转

---

[1]《习近平谈治国理政》第4卷，外文出版社2022年版，第260—261页。

[2]《信访工作条例》第3条，中国政府网，2022年4月7日。

[3] 张岩阳：《发展全过程人民民主的独特路径：信访制度政治属性的再认识》，《思想战线》2025年第1期。

化机制将建议转化为实际政策，评估考核机制监督工作成效，宣传机制提升民众参与度。这些流程和机制相互配合，共同推动"人民建议征集"机制不断完善，在社会治理中发挥更大作用。

（一）"七步法"规范办理：夯实流程基础

首先，政府坚持"七步法"工作法，将"人民建议征集"机制的办理流程规范化、系统化，确保了从民众意见的收集、筛选、论证到政策转化的全链条管理，有效提升了政策实施的可行性和民众参政议政的积极性。这一流程涵盖了梳理研判、转办摘报、调研论证、协调督办、沟通反馈、落实转化、表彰奖励的环节[1]，通过线上线下渠道广泛收集民意，深化了政民沟通，提升了政策的透明度和响应速度，让民众的声音能够快速、准确地传达到政府的每一个角落。第一，意见征集部门接收网络渠道、相关部门提交或移送的民众书面来信、来访提出的建议类意见，根据建议的类型与性质进行内容筛选，将具有共性特征的信息进行整理并纳入政府议程设置之中；第二，以座谈会、听证会、实地调研等形式对人民建议进行论证以形成具体可行的解决方案；第三，将调研结果以摘报或专报的方式呈现，督促相关部门处理并反馈落实情况；第四，对评选出的优秀建议进行表彰和奖励，以此提高民众参政议政的积极性。[2]可以看到，"人民建议征集"机制通过事前、事中与事后的全过程流程，以线上线下的形式涵盖政府信息公开、公众建议表达、政府回应与公共决策的所有环节，就像一条完整的"民意生产线"，通过全链条与全周期的闭环联动流程深度挖掘民众的真实意愿，以公开透明的政民沟通方式提升人民建议实施的可行性，实现快速且透明的信息传播，这

[1] 何易：《上海发布人民建议征集"上海样本"》，《文汇报》2023年6月28日。
[2] 汤啸天：《人民建议征集制度探索》，上海人民出版社2017年版，第8页。

有助于减少民意信息从公众到各级政府部门层层流转的中间环节，使传统的科层制信息运转流程更加透明化和扁平化，就像为政府和民众之间搭建了一座"民意直通桥"，让民意能够畅通无阻地直达政府决策层。

闵行区春申塘北岸的居民王女士在晨跑时发现，这条本应贯通的滨水步道存在多处断点，部分绿地被封闭，夜间照明缺失。她通过"上海人民建议征集"平台提交的《关于贯通春申塘滨水步道的建议》，触发了一场从"金点子"到"金果子"的城市治理变革。闵行区人民建议征集办收到建议后，立即启动"七步闭环"工作机制：首先通过实地踏勘、历史资料梳理和97条关联建议分析，形成包含断点分布、权属关系、安全隐患等内容的《需求分析报告》；随后将报告转送区绿化市容局牵头办理，同步抄送6个职能部门，开启"周例会＋现场办公"的协调督办模式。在专项调研阶段，通过无人机航拍、92%回收率的居民问卷和专家论证会，形成包含12类专业问题解决方案的可行性报告。针对居民担忧的安全问题，创新采用"分时开放＋智能安防"方案，通过17次协调会解决机场联络线借地、小区补偿等8个难点。在方案公示期间，组织3场居民听证会，根据反馈优化步道材质选择、照明布局和设施配置，建议人王女士受邀参与验收并现场提出标识系统优化建议。历时14个月建设，9.3千米绿道全线贯通，整合防汛通道、健身步道、景观绿廊三重功能，设置12类智慧设施，开放4.2万平方米封闭绿地，日均人流量从300人次增至2000余人次。项目团队获市级"城市治理创新奖"，王女士被授予"2024年度人民建议金点子奖"，其建议收录进《上海市人民建议典型案例汇编》。这条绿道的蜕变，完整呈现了从"需求感知—方案生成—效果反馈"的全周期治理逻辑，成为上海践行"人民城市"重要理念的生动缩影。[1]

（二）"三个一"创新理念：引领工作新方向

其次，在城市治理与公共政策制定的进程中，政府积极探索创新理念与方法，"三个一"创新理念便是其中的重要成果。如果仅仅"头痛医头，脚痛医脚"，类似问题还会反复发生，应争取让"一条建议推动一项政策完善、一件个案带动一类问题化解"成为常态。[2]所谓"三个一"，即通过一则人民建议，完善一类工作，形成一揽子的便民政策。这一理念的核心在于以人民建议为切入点，深入挖掘民众需求，对相关工作进行系统性优化，进而构建全面、高效的便民政策体系，提升公共服务质量与效率，切实增强民众的获得感与幸福感。

在上海市的众多实践案例中，低保人员办理救助待遇流程简化便是"三个一"理念成功落地的生动体现。徐汇区天平路街道社区事务受理中心副主任吴玮佳及同事发现低保人员办理住院免押金证明烦琐，汇总诉求后提交人民建议，提出数据匹配或"随申办"亮证功能的方案，精准切中群众痛点。调查显示民政已共享数据但应用场景未优化，医院系统未对接。市政府办公厅牵头多部门开会，推动"免申即享"政策。民政上传信息并提供查询，大数据中心保障系统，卫生健康委指导医院简化手续，425家公立医院开通账号。徐汇区率先试点，5月底全市医院实现低保人员免押金住院。此后，市信访办等举一反三，市教委完善低保家庭子女学杂费减免流程，相关部门推出困难人群证明材料电子证照服务，市卫生健康委和医保局还将扩大住院免押金范围至医保参保人员在社区卫生服务中心住院，极大提升了便

---

[1]《滨水绿道断点多，何时能"串珠成链"？》，《新民晚报》2023年8月31日。

[2] 陈水生、罗丹：《找回治理的"人民性"：人民建议征集的价值共创与运行机理》，《理论与改革》2023年第5期。

民服务水平。[1]通过这份人民建议，不仅解决了低保人员办理住院免押金证明这一难题，完善了社会救助服务工作，还形成了涵盖医疗、教育、困难人群证明办理等一揽子便民政策，实现了从个案处理到类案优化、从人找政策到政策找人、从被动回应到主动跨前的转变，生动诠释了"三个一"理念在人民建议征集工作中的重要意义。

除了低保救助办理流程优化，退休市民倪晓茹的建议同样彰显了"三个一"理念的强大效能。倪晓茹留意到老年人获取惠老政策信息渠道有限，许多老年朋友对各类惠老政策知之甚少，更不知如何申请。于是，她通过人民建议征集渠道，提议整合医疗康养、照护出行、助餐助浴等服务，推出"惠老政策包"。上海市民政局、上海市老龄办高度重视并采纳了这一建议。相关部门全面梳理了29项与老年人日常生活密切相关的惠老政策，考虑到老年人的阅读习惯和认知特点，精心制作成漫画，详细介绍政策内容、申请标准、咨询渠道等信息。[2]2024年10月"敬老月"期间，"惠老政策包"在"上海发布"推出，并走进各个社区。这一举措有效解决了老年人获取政策信息难的问题，使老年朋友能够更便捷地了解和享受各类福利。从更宏观的角度来看，它推动了养老服务体系的完善，在服务整合、信息传播等方面形成了一套行之有效的工作模式，促进了养老服务相关政策的优化与协同，保障了老年人的权益，提升了社会整体福利水平和政策响应速度，是上海市人民建议征集工作能级提升的生动体现。这些成功案例充分展示了"三个一"理念在上海市城市治理中的重要作用。它促使政府部门主动倾听民声，积极自我革新，以人民需求为导向优化工作流程、完善政策体系。通过将民众的智慧转化为实际行

[1] 毛锦伟：《一份人民建议解决市民多件烦心事》，上观新闻，2023年6月14日。
[2] 《@我市老年朋友，一起来看"惠老政策包"》，上海市政府网，2024年10月11日。

动，不仅解决了民众的实际问题，还提升了政府的公信力和执行力，为构建更加和谐、美好的城市生活奠定了坚实基础。未来，随着"三个一"理念的持续深入贯彻，相信上海市将在城市治理与民生保障领域取得更多卓越成就。

（三）"四项机制"统筹管理：确保高效运行

最后，政府建立了"四项机制"统筹管理。一是办理机制，该机制注重沟通，通过"事前、事中、事后"的全过程沟通，了解建议人的真实意愿和想法。按照难易程度，人民建议办理工作主要包括自办、专送、交办、摘报、专报五种办理形式。[1]第一种是自办，在人民建议征集工作开展时，对于指向模糊、仅作意见交流或信息反馈的来件，人民建议征集部门会自行处理，其间若有信息不完善之处，会与建议提出者沟通完善，也会对相关信息提取整合；第二种是专送，目标明确、归属清晰的建议件会被迅速转送至对口部门，承办单位需在协商期限内答复；第三种是交办，内容重要的建议件需与相关部门与建议人深入沟通、研究论证，承办机关要在规定时间答复建议人并向交办机关汇报；第四种是摘报，遇到涉及政策范围广、倾向性明显且具普遍性和代表性的建议件，会进行摘报，提取关键信息整理成报告供党委政府领导决策参考；第五种则是专报，专报是工作人员梳理一段时间内的人民建议，筛选出群众集中反映或突出的问题并提出对策建议，报送党委政府。

二是转化机制，该机制强调"落地"导向，旨在将市民建议转化为惠民举措，深度践行全过程人民民主，不断提升城市治理水平和市民生活品质。在政府转化流程方面，当收到人民建议后，首先由专门

---

[1] 刘树燕：《治理现代化背景下人民建议征集制度研究》，《理论学刊》2021年第5期。

的建议分析小组对建议进行全面且深入的剖析。该小组会综合考量建议的可行性、社会影响范围、实施成本等多方面因素，对于那些具有较高可行性和广泛社会价值的建议，会迅速启动转化程序。政府会组织相关领域的专家、学者以及实际工作者共同参与研讨会，从专业角度对建议进行进一步论证和细化。例如，在收到关于优化老旧小区改造方案的建议后，城市规划专家会从空间布局、建筑结构等专业角度提出意见，社区工作者则结合小区实际情况，如居民年龄结构、生活习惯等方面，为改造方案提供更贴合实际的建议。经过多轮研讨，形成初步的转化方案。在部门协作模式上，转化机制的高效运行离不开各部门之间的紧密配合。以交通拥堵治理建议转化为例，当市民提出优化某区域交通信号灯时长和设置智能交通引导系统的建议后，交通运输部门负责实地勘查交通流量，收集数据，为信号灯时长调整提供科学依据；公安交警部门则负责在调整过程中维护交通秩序，确保调整工作的顺利进行；而城市建设部门则承担智能交通引导系统的建设和安装工作。各部门明确分工，协同作战，形成强大的工作合力，确保建议能够快速、有效地转化为实际行动。在数字化工具应用方面，政府充分借助大数据、人工智能等先进技术，为转化机制赋能。利用大数据技术，对海量的人民建议进行分类、筛选和分析，快速精准地识别出具有普遍性和代表性的建议。例如，通过对市民在各类平台上关于垃圾分类的建议进行大数据分析，能够清晰地了解到市民在垃圾分类投放、回收处理等环节中遇到的主要问题，从而有针对性地制定改进措施。人工智能技术则被应用于政策模拟和效果评估。在将人民建议转化为具体政策前，利用人工智能模型对政策实施后的效果进行模拟预测，提前发现可能存在的问题并加以优化，提高政策的科学性和有效性。同时，借助数字化平台，实现各部门之间的数据共享和信息实时传递，打破部门之间的信息壁垒，进一步提升转化工作的效率和协同性。

三是考核评估机制，该机制坚持效能导向，发挥以评估促提升的制度效能，极大地保障了政策实施的可持续性，推动着整个工作体系不断优化升级。上海市创新性地将人民建议征集工作纳入全市信访工作目标责任考核体系，实施分类考核。针对不同区域、不同部门的工作特点和职责，制定个性化的考核指标，使考核更具针对性和科学性。例如，对于中心城区和郊区，会根据人口密度、民生需求重点等差异，设置不同的建议征集量和办理质量考核标准。中心城区可能更侧重城市精细化管理相关建议的征集与处理，而郊区则可能在乡村振兴、生态保护等方面的建议考核上权重更大。在考核指标上，不仅关注建议的数量，更注重建议的质量和办理效果，包括建议的采纳率、问题解决的实际成效、民众的满意度等。通过定期的数据统计和实地调研，对各部门的工作进行全面评估。

四是表彰宣传机制，它在激发公众参与和营造良好工作氛围方面发挥着重要作用。上海已经连续 7 年表彰奖励优秀人民建议，未来的表彰奖励应当更加注重精神层面的引导功能，把市民的注意力吸引到有序政治参与上来。[1]一方面，对于提出具有重大价值建议的市民，给予物质奖励和精神鼓励。物质奖励可能包括奖金、实用的生活用品等，精神鼓励则通过颁发荣誉证书、公开表扬等方式，增强市民的荣誉感和成就感。另一方面，对在人民建议征集工作中表现突出的单位，授予"先进人民建议征集单位"等荣誉称号，并在资源分配、政策支持等方面给予一定倾斜。卢红在上海做了多年外卖员，深知骑手

---

[1] 汤啸天：《推动人民建议征集制度优势转化为国家治理效能》，《上海政法学院学报》（法治论丛）2020 年第 2 期。

们因工作时间特殊，难以按时吃上热乎饭菜。而上海社区食堂虽价格实惠、卫生干净，但大多下午1点就打烊，与骑手送餐高峰冲突。抱着试试看的心态，卢红在看到奉贤区人民建议征集活动海报后，提交了社区食堂延时服务的建议。没想到仅一周，他就收到了好消息。奉浦街道收到建议后立马行动，将社区食堂服务延长到下午两点半，还为骑手定制了仅售15元的"大号超值套餐"[1]，且2024年年底前，该服务在奉贤区13个街镇全面铺开。卢红因此获得了相应的表彰，他提出的建议不仅解决了实际问题，还激发了更多市民参与人民建议征集的热情。同时在政府内部，表彰宣传机制营造了竞相争先的工作氛围。各部门以先进单位为榜样，不断优化工作流程，提高工作效率。静安区在看到奉贤区在社区服务改进中的成功经验后，积极学习借鉴，在本区的社区建设中加大人民建议征集力度，优化办理流程，取得了显著成效。这些评估考核机制和表彰宣传机制相互配合，共同推动了人民建议征集工作向更高效、更透明的方向发展。它们为政府决策提供了丰富且高质量的民意支持，使政府制定的政策更贴合民众需求，增强了政策的可行性和有效性。在推动社会善治方面，促进了政

图3-7　15元的"大号超值套餐"

---

[1]《中国式民主行得通很管用》，《人民日报》2024年11月7日。

府与民众的良性互动，提升了民众对政府的信任和支持，为构建和谐稳定的社会环境奠定了坚实基础。未来，随着这两个机制的不断完善和创新，人民建议征集工作将在城市治理和社会发展中发挥更为重要的作用。

四、科学评估——工作效能的有力保障

尽管"人民建议征集"机制在汇聚民智、推动政策变革方面发挥了显著作用，但不可忽视的是，当前"人民建议征集"机制在发展进程中存在一个关键短板——缺少科学有效的评估体系。通过评估，可以判断人民建议征集是否有效地实现了社会沟通，是否有效地进行了治理协商，是否有效地办理了人民建议，是否适应并促进了经济、政治、社会、文化和生态发展，是否有效地促进了社会利益和观点整合。[1] 目前，我们往往更关注建议的征集数量、处理进度以及部分成果转化，却未能系统地对整个征集机制的运行效能、对社会治理的实际贡献程度等进行量化与分析。而评估恰恰是推动机制不断优化的关键一环，只有通过科学评估，才能精准发现机制运行中的薄弱环节，明确改进方向，使"人民建议征集"机制能够更好地适应复杂多变的社会需求，持续高效地服务于城市治理与发展。因此，重视并建立起科学的评估体系迫在眉睫。

（一）价值彰显：目标引领与以评促建

在国家治理体系和治理能力现代化的进程中，广泛听取人民群众的建议，充分发挥人民群众的智慧，是推动各项事业发展的关键力量。而"人民建议征集"机制作为连接政府与人民群众的重要桥梁，

[1] 刘树燕：《治理现代化背景下人民建议征集制度研究》，《理论学刊》2021年第5期。

其运行效果直接关系到人民群众的参与度和政府决策的科学性。因此，对"人民建议征集"机制进行科学合理的评估，不仅能够精准衡量其工作成效，更能为机制的优化升级提供有力支撑，具有至关重要的作用与现实必要性。

一是提升人民建议征集工作的科学化水平。效能评估为人民建议征集工作提供了坚实的科学衡量标准以及精确的评价依据。在构建评估体系时，将定量指标如建议征集数量、处理时长等，与定性指标如建议的创新性、可行性等相结合，能够把抽象的工作成效具象化为客观的数据指标。可以将不同阶段、不同地区的人民建议征集工作质量进行直观的对比和持续的追踪。同时，评估体系全面覆盖建议征集工作的各个环节和维度。基础指标方面，征集数量反映了工作的活跃度，覆盖面体现了工作的广泛程度；深层指标中，建议质量关乎建议的价值高低，采纳率直接展现了建议对决策的影响力，落实情况则体现了建议的最终转化效果。通过这种全方位的科学评估，能够从整体上准确把握工作成效，精准定位工作中的薄弱环节，为后续的持续改进提供有力依据。此外，科学的评估方法还能促进工作流程的标准化，推动人民建议征集工作从依赖经验逐步向规范化、精细化方向转变，从而为实现高质量发展筑牢根基。

二是强化人民建议征集工作的制度化保障。效能评估通过建立常态化的评估机制，成功搭建起"征集—评估—改进—再征集"的完整工作闭环。评估指标体系犹如一把标尺，明确了人民建议征集工作在各个环节的标准和要求，为工作的有序开展提供了坚实的制度遵循。定期开展的评估工作就像一个精密的探测器，能够及时发现工作中存在的问题，并深入分析偏差产生的原因，进而为制度的完善提供针对性的依据。评估结果不再仅仅是一组数据，而是可以转化为具体的考

图 3-8 "一网通办"政务服务"好差评"板块

核依据，并对相关部门和工作人员形成有效的激励约束机制。当工作表现优秀时，给予相应的奖励和表彰；当工作出现问题时，及时进行督促和整改。通过评估推动制度不断完善，又依靠完善的制度保障评估的实际效果，二者相互促进、相辅相成。另外，制度化的评估机制有助于明确各部门在人民建议征集工作各环节的责任，打破部门之间的壁垒，形成强大的工作合力，确保人民建议征集工作持续、稳定、高效地运行。2023 年 7 月 17 日，"一网通办"政务服务"好差评"板块正式上线人民建议征集通道。人民群众在对政务服务作出一星或二星评价时，不仅可以反映具体问题，还可以就如何解决问题、优化政务服务、完善政策措施建言献策，从而切实提升企业和群众办事的便利度和感受度。[1]

三是增强人民建议征集的社会公信力。科学规范的效能评估如同一块透明的展示板，使人民建议征集工作的成效变得更加清晰可见、真实可感。通过专业的评估报告、多样化的成果展示等方式，群众能够直观地了解建议从提交到办理的全过程以及最终产生的实际效果，

---

[1]《"一网通办"政务服务"好差评"人民建议征集通道开通》，《新民晚报》2023 年 7 月 17 日。

这极大地增强了群众的获得感和参与热情。评估结果还能为后续工作的改进和服务的优化提供明确导向，促使人民建议征集工作更加精准地满足群众需求。同时，公开透明的评估过程本身就是对群众的尊重和负责的生动体现，让群众感受到自己的意见被重视、被认真对待，从而增进群众对政府工作的理解和信任。此外，评估体系在设计时充分注重群众满意度等主观感受指标，将群众的切身体会和实际感受真实地反映在评估结果中，形成政府与群众之间的良性互动。这些积极因素共同作用，有助于树立人民建议征集工作的良好形象和公信力，吸引更多群众积极参与到国家治理中来。以《上海市信访事项复查复核办法》的出台为例，其对增强人民建议征集社会公信力至关重要。在评估透明度上，办法清晰规定复查复核流程，从申请到办理，全流程公开，民众能清楚了解疑问建议的复查途径，监督评估全过程，切实感受到征集工作的公正，从而增强信任。在评估权威性方面，办法强调专业力量介入，邀请专家运用专业知识判断建议合理性，引入第

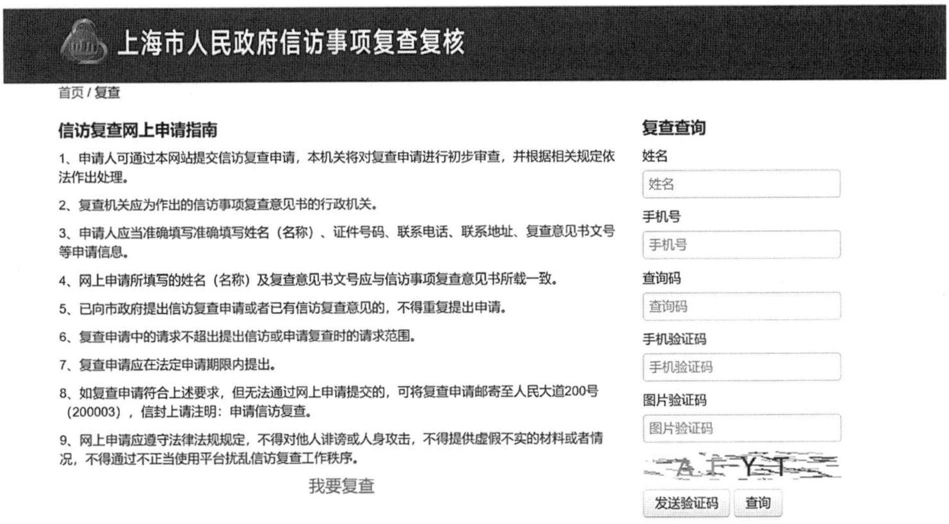

图 3-9 上海市人民政府信访事项复查复核

三方机构监督审查，避免评估片面性，提升结果权威性，让民众认可征集工作的科学性，为城市发展汇聚更多民众智慧。[1]

综上所述，对"人民建议征集"机制的评估在提升工作科学化水平、强化制度化保障以及增强社会公信力等方面都发挥着不可替代的作用。它是推动人民建议征集工作不断优化、高效运行的关键手段，是促进政府与民众紧密联系、协同共治的重要桥梁，更是提升国家治理体系和治理能力现代化水平的必然要求。我们必须高度重视并持续完善"人民建议征集"机制的评估工作，让这一机制在新时代的发展中焕发出更大的活力与效能，为国家的繁荣昌盛和人民的幸福安康贡献更多力量。

（二）体系构建：科学框架与全面衡量

在国家治理不断追求现代化与科学化的进程中，"人民建议征集"机制作为连接政府与民众的关键纽带，其重要性愈发凸显。一套科学、完善的评估体系框架，是精准衡量"人民建议征集"机制成效，促进其持续优化升级的基石。它不仅能让我们清晰洞察机制运行的各个环节，更能为机制的改进提供明确方向，确保民众的智慧与诉求得到充分尊重和有效回应，从而推动社会治理迈向更高水平。

首先是目标导向层。构建评估体系的首要任务是明确目标，这是整个体系的核心指引。其根本目标在于保障"人民建议征集"机制能够切实有效地服务于人民，促进政府决策的科学化与民主化。从宏观层面看，是为了推动国家治理体系和治理能力现代化，提升社会整体治理水平。例如，在城市规划中，广泛征集民众对于公共设施布局、交通规划等方面的建议，使城市发展更符合居民需求，促进城市可持

---

[1]《上海市信访事项复查复核办法》，上海市政府网，2024年12月17日。

续发展。从微观角度，要聚焦于提升建议征集工作的效率和质量，确保民众的每一条建议都能得到妥善处理，增强民众对政府工作的信任和参与热情。

其次是指标构建层。建立一套科学、客观、合理的指标体系是政府绩效评估实施的关键所在。[1] 指标构建层又分为四部分，一是投入指标，这是建议征集工作开展的基础条件衡量。包括人力投入，如负责征集、整理、反馈建议的工作人员数量及专业素质；物力投入，涵盖征集平台的建设与维护成本，如线上平台的技术研发、服务器租赁费用，线下征集站点的场地租赁、设备购置费用等；财力投入，即政府在建议征集工作中的专项预算。充足的投入是保障征集工作顺利开展的前提，投入不足可能导致征集渠道有限、处理效率低下等问题。二是过程指标，用于评估建议征集工作的执行过程。征集渠道的畅通性是关键指标，如线上平台是否稳定，线下反馈渠道是否便捷，这直接影响民众参与的积极性。建议处理流程的规范性，包括建议的接收、分类、转办、督办等环节是否有明确的制度和流程。例如，明确规定建议在接收后的几个工作日内必须完成分类并转办至相关部门，以保证处理的及时性。同时，工作人员与建议提出者的沟通频率和质量也很重要，良好的沟通能让民众了解建议的处理进度，增强其参与感。三是产出指标，体现建议征集工作的直接成果。建议征集数量反映了民众的参与程度，一定时期内征集到的建议越多，说明民众对该机制的关注度和信任度越高。但数量并非唯一标准，建议的质量更为关键，包括建议的创新性、可行性、针对性等。例如，在上海市垃圾分类政策制定建议征集中，根据上海发布公众号消息，征集数量可

---

[1]　倪星、李晓庆：《试论政府绩效评估的价值标准与指标体系》，《科技进步与对策》2004年第9期。

观，收到来自市民、企业、社会组织等多方面的大量建议，反映出民众的高度参与。在建议质量上，不少市民提出创新且可行的建议，如研发智能垃圾分类设备，通过物联网技术实现垃圾自动分类与投放数据统计，具有很强的创新性和可行性。这些建议的采纳率也较高，推动了垃圾分类政策的不断完善，体现了征集工作对政府决策的重要影响。此外，建议的采纳率也是重要指标，它直接反映了征集工作对政府决策的实际影响。四是影响指标，关注建议征集工作对社会和民众产生的长期影响。民众满意度是核心指标，通过问卷调查、实地访谈等方式了解民众对建议征集工作的满意程度，包括对处理结果、反馈速度等方面的评价。社会和谐度也是重要体现，合理采纳民众建议有助于解决社会矛盾，促进社会和谐稳定。例如，在浦东新区老旧小区加装电梯建议征集中，通过问卷调查和实地访谈了解民众满意度，居民对征集工作的处理结果和反馈速度较为满意。同时，区政府充分采纳居民建议，优化电梯品牌选择、费用分摊、政府补贴、日常运维等方案，减少了邻里矛盾，提升了社区和谐度，促进了社会的和谐稳定。

最后是权重分配层。不同指标在评估体系中的重要程度不同，需要合理分配权重。一般来说，产出指标和影响指标的权重应相对较高，因为它们直接反映了征集工作的效果和价值。例如，建议采纳率和民众满意度的权重可设定在30%—40%之间。投入指标和过程指标权重相对较低，但也不可或缺，它们是保障产出和影响的基础，可设定在20%—30%之间。但是权重的分配并非固定不变，应根据不同时期的工作重点和社会需求进行动态调整。在新的征集机制推行初期，可适当提高投入指标和过程指标的权重，以确保基础工作的扎实开展；在机制运行成熟后，加大产出指标和影响指标的权重，以更突出工作效果。以"一江一河"沿岸地区建设规划人民建议征集工作为例，试图构建权重分配的动态调整机制。在征集工作初期，由于要搭建全新的征集体系，上海市投入大量资源，组建了涵盖城市规划师、社会学家、政策专家等专业人员的团队，搭建功能完备的线上征集平台和线下征集站点，此时投入指标和过程指标至关重要，可以分别设定在30%左右，确保征集工作的基础扎实。随着征集工作的推进，进入到常态化运行阶段，产出指标和影响指标的重要性日益凸显。此时，征集到的建议数量和质量不断提升，如市民提出的关于打造亲水平台、建设生态步道等具有创新性和可行性的建议被大量采纳应用于实际规划中。同时，通过问卷调查发现民众对征集工作的满意度较高，在这种情况下，产出指标和影响指标的权重可以提高到40%左右，从而更加突出工作成果和社会影响。

综上所述，完善的评估体系框架是"人民建议征集"机制高效运行的有力保障。通过明确目标导向，构建科学合理的指标体系，并进行恰当的权重分配，能够全面、准确地评估人民建议征集工作的成效。这不仅有助于及时发现问题、改进工作，更能增强民众对政府工作的信任与支持，为国家治理体系和治理能力现代化注入强大动力，让人民的声音在社会发展进程中持续回响，推动社会不断向着更加公平、正义、和谐的方向前进。

（三）机制运行：精准监测与保障有力

"人民建议征集"机制的有效运行，离不开科学严谨的评估机制。评估机制运行的各个环节，从准备阶段的精心筹备，到实施阶段的精准操作，再到结果运用阶段的有效落实，环环相扣，共同决定着人民建议征集工作能否真正发挥其应有的价值。它是检验机制运行效果的"试金石"，也是推动机制不断完善创新的"助推器"，对于提升政府与民众之间的互动质量，促进社会治理水平的提升具有不可替代的作用。

首先是评估准备阶段。一必须明确评估主体，可以是政府内部的专门评估机构，如政府办公厅下设的绩效评估部门，其对政府工作流程和政策目标较为熟悉，能从政府管理角度进行评估。也可以引入第三方评估机构，如专业的社会调查公司、高校研究团队等。相对于政府的自体评估，由第三方机构实施的法治政府评估活动在评估主体的独立性、评估全过程的公信力、评估结果的可检验性和可比性等方面均具有优势，并且能够更好地向被评估者传递良性压力。[1]此外，还可以让民众参与评估，通过线上投票、线下座谈会等方式收集民众意见，使评估更贴近民众需求。二必须确定评估周期，根据工作特点和实际需求确定评估周期。对于日常性的建议征集工作，可采用季度评估和年度评估相结合的方式。季度评估能及时发现工作中的短期问题，进行调整；年度评估则对全年工作进行全面总结和分析。对于一些专项的建议征集活动，如特定政策的意见征集，可在活动结束后立即进行评估，以便快速总结经验，为后续类似活动提供参考。三必须收集评估资料，包括工作文件，如征集通知、处理流程规定等；统计数据，如建议征集数量、处理时长、采纳数量等；民众反馈，如投诉记录、表扬信件、问卷调查结果等。同时，还应收集国内外同类型建议征集机制的相关资料，以便进行对比分析，找出自身的优势和不足。

其次是评估实施阶段。一需要采用定量与定性相结合的方法。定量方法如数据分析，通过对收集到的统计数据进行分析，计算各项指标的数值，如建议处理及时率、采纳率等。与此同时，运用层次分析法等数学模型确定指标权重，使评估结果更具科学性。定性方法包括案例分析，选取典型的建议征集案例，深入分析其处理过程和效果，

---

[1] 林鸿潮：《第三方评估政府法治绩效的优势、难点与实现途径——以对社会矛盾化解和行政纠纷解决的评估为例》，《中国政法大学学报》2014 年第 4 期。

总结成功经验和存在问题。专家访谈也是重要的定性方法，邀请相关领域的专家对征集工作进行评价并从专业角度提出改进建议。二需要进行实地考察。评估人员深入建议征集一线，了解实际工作情况。走访线上平台运营团队，了解平台的运行状况、用户反馈等；实地查看线下征集站点，观察工作人员的服务态度和工作流程；与建议提出者进行面对面交流，听取他们的真实感受和意见。通过实地考察，获取第一手资料，使评估更真实、全面。三需要开展多方沟通。在评估过程中，加强评估主体与被评估部门、民众之间的沟通。评估主体及时向被评估部门反馈发现的问题，听取其解释和意见，共同探讨改进措施。同时，积极回应民众的关切，向民众说明评估的目的、过程和结果，增强民众对评估工作的信任和支持。

最后是评估结果运用阶段。国外经验与国内试点实践表明，政府绩效评估能否持续并取得实效，评估结果运用是关键。[1]为此，在这个阶段中，一方面要做到反馈与整改，将评估结果及时反馈给被评估部门，明确指出存在的问题和不足，并提出具体的整改建议。被评估部门应根据反馈意见制定整改方案，明确整改目标、措施和时间节点。例如，若评估发现建议处理时长过长，被评估部门可通过优化处理流程、增加工作人员等措施进行整改。评估主体对整改情况进行跟踪监督，确保问题得到有效解决。另一方面也要做到激励与问责，将评估结果与激励机制挂钩，对表现优秀的部门和个人进行表彰和奖励，如颁发荣誉证书、给予物质奖励等，激发工作人员的积极性和主动性。对于工作不力的部门和个人，进行问责和督促整改。例如，若某个部门的建议采纳率长期偏低，且无合理原因，可对相关负责人进

---

[1] 薛刚、薄贵利、刘小康等：《服务型政府绩效评估结果运用研究：现状、问题与对策》，《国家行政学院学报》2013年第2期。

行约谈，要求其说明情况并提出改进计划。与此同时还要做到经验总结与推广，对评估过程中发现的好的经验和做法进行总结和提炼，形成可复制、可推广的模式。例如，某个地区在建议征集工作中创新采用了"线上＋线下"互动式征集模式，效果显著，可将这种模式推广到其他地区，促进整体工作水平的提升。同时，将评估结果和经验总结向社会公开，接受公众监督，增强政府工作的透明度。

从评估准备到实施，再到结果运用，评估人民建议征集的运行机制是一个有机的整体。它通过严谨的流程和科学的方法，不断挖掘"人民建议征集"机制运行中的潜力与问题。有效的评估机制，能够切实保障人民建议征集工作的质量，提升政府决策的科学性和民主性，增进政府与民众之间的信任与合作。在新时代社会治理的大格局下，持续优化评估机制运行，是我们不断提升人民群众参与感、获得感和幸福感的关键路径，为实现国家长治久安和社会繁荣发展奠定了坚实基础。

2024年12月4日，上海市委书记陈吉宁在市委社会工作会议中指出，社会工作直接面对群众，本质是做群众工作。要坚持把全过程人民民主融入城市治理现代化，把构建人人参与、人人负责、人人奉献、人人共享的城市治理共同体贯穿社会工作的各方面，更好服务凝聚群众。坚持深入群众、关爱群众，带着感情、走家串户，对群众的烦心事、操心事、揪心事做到心中有数。强化问计于民、问策于民，发挥人民建议征集、市民服务热线等作用，让更多群众的"金点子"转化为城市发展和治理的"金钥匙"，对共性问题推动从"解决一件事"到"解决一类事"。紧紧依靠群众、发动群众，鼓励市民长期坚持志愿服务、推动绿色低碳生活，当好社区治理热心人。完善政社合作、供需对接机制，更好培育社会组织。[1] 近年来，上海通过构建"全周期人民建议征集"体系，将民主协商贯穿于城市治理的每个环节。数据显示，2024 年全市通过人民建议征集平台收到群众建议 9.8 万件，报送重要建议摘报专报等 181 篇，重要建议采纳率高达 98.5%。在旧改领域，杨浦区凤南一村 150 天实现"三个 100%"的征收奇迹，黄浦区老城厢通过"抽户改造＋风貌保护"模式保留历史肌理，这些均得益于"人民建议征集"机制的深度嵌入。在民生服务方面，低保人员住院免押金政策覆盖 425 家公立医院，惠及 2.3 万困难群众；普惠托育服务试点拓展至 16 个区，托位总量突破 3.2 万个，这些民生改善都源自市民"金点子"的转化落地。

面向未来，上海将持续深化"人民建议征集"机制创新。一是构建"数字孪生"征集平台，运用人工智能技术实现需求自动感知、建议智能匹配，让"数据跑路"代替"群众跑腿"。二是建立"建议转化白皮书"制度，定期发布民生领域高频诉求解决方案，推动从"解决一件事"到"解决一类事"的范式转变。三是培育"市民建议师"队伍，通过社区赋能计划培养 10 万名群众意见领袖，构建更具韧性的基层治理共同体。四是完善"建议—政策—效果"闭环评估体系，将人民建议采纳情况纳入政府绩效考核，确保"民有所呼、我有所应"。

这些实践表明，"人民建议征集"机制已成为上海践行全过程人民民主的重要载体。它不仅实现了政府治理和社会调节、居民自治的良性互动，更将民主选举、民主协商、民主决策、民主管理、民主监督有机贯通，为超大城市治理现代化提供了"人民至上"的实践样本。当越来越多的"金点子"转化为城市治理的"金钥匙"，不仅意味着治理效能的提升，更是全过程人民民主的生动实践。

---

[1]《推动上海社会工作不断创新走在前列》，《解放日报》2024 年 12 月 5 日。

第四章

贴近基层：打造真实管用的民主模式

在新时代推进国家治理体系和治理能力现代化的进程中，基层民主协商治理既是破解治理难题的实践密钥，也是实现城市共建共治共享的活力源泉。作为"全过程人民民主"重大理念的首提地，上海这座超大城市面临着人口高度集聚的治理挑战、社会多元结构的整合需求以及公共服务精准供给的复杂命题。[1] 在此背景下，唯有将治理重心深度下沉至基层单元，通过民主协商的机制创新，方能将分散的群众诉求转化为系统化的治理方案，在多元利益交汇中凝聚最大公约数，为超大城市的高质量发展注入内生动力。

习近平总书记强调："涉及人民群众利益的大量决策和工作，主要发生在基层。要按照协商于民、协商为民的要求，大力发展基层协商民主，重点在基层群众中开展协商。"[2] 上海市在基层协商民主领域的发展历程经历了从改革开放初期的探索起步到 21 世纪的逐步成熟，再到"全过程人民民主"理念指引下的深化拓展，这一过程体现了上海在基层治理模式上的不断创新与完善，为全国基层协商民主建设提供了宝贵经验。改革开放初期，传统行政命令式管理模式难以适应社会快速发展，尤其是在城市化进程加速的背景下，解决民生问题、提升居民生活质量成为关键，1989 年《中华人民共和国城市居民委员会

---

[1] 王郁、李凌冰、魏程瑞：《超大城市精细化管理的概念内涵与实现路径——以上海为例》，《上海交通大学学报》（哲学社会科学版）2019 年第 2 期。

[2] 习近平：《论坚持人民当家作主》，中央文献出版社 2021 年版，第 103 页。

组织法》的颁布为基层群众自治制度提供了法律依据，卢湾区（现黄浦区）率先提出"三会"制度，即听证会、协调会、评议会，通过定期会议形式让居民参与社区事务决策，为后续改革积累了宝贵经验。进入21世纪，上海市基层协商民主治理进入新阶段，2006年《上海市居民区评议会、协调会、听证会制度试行办法》发布，明确了"三会"制度的操作流程与职责范围，推动不同利益主体间的沟通交流，提升公共政策的科学性与合理性。[1] 2014年，静安区曹家渡街道试点"协商议事厅"，通过居民代表大会、意见箱等形式收集民意，构建双向互动平台，确保协商结果产生实质性影响，增强群众对民主的获得感。2017年，"三会"制度被写入《上海市居民委员会工作条例》，各区县据此制定实施细则，进一步丰富完善基层协商民主治理内容与形式，推动全市基层治理水平整体提升。2019年11月2日，习近平总书记在上海市长宁区虹桥街道考察全国人大常委会法制工作委员会基层立法联系点时提出"人民民主是一种全过程的民主"，强调民主的全链条、全方位、全覆盖，涵盖民主选举、协商、决策、管理与监督的有机结合。自此，上海市更加注重全面覆盖、持续深入的基层协商民主治理，坚持以人民为中心，聚焦群众身边具体事务，搭建家门口的民商民议平台，使基层治理更贴近群众、更具针对性与实效性。实践中，各市辖区结合自身特点，探索出各具特色的治理模式，示范性做法广泛涌现并被迅速推广，通过"三会"制度、"三所联动"机制、"四百"大走访工作与民心工程等实践载体持续推进基层协商民主治理，既是对"人民城市人民建，人民城市为人民"的生动诠释，也是全过程人民民主从理念到行动的创造性转化。

---

[1] 黄浦区五里桥街道人大工委：《"三会"制度展示全过程人民民主生动图景》，《上海人大月刊》2022年第4期。

在全过程人民民主的宏大架构下，基层协商民主治理恰似坚实的根基，通过制度化的对话机制将"民声"转化为"民生"。从社区议事会的热烈讨论，到居民代表与政府部门的坦诚沟通，每一个协商环节都让民主的触角深入生活肌理，让群众的声音成为决策的重要依据，真正将"人民当家作主"的理念转化为生动实践，使贴近人民生活的民主在城市的每一角落落地生根、开花结果。

一、"三会"制度：民生服务的居民参与

（一）历史与内涵：从社区探索到制度化转型

"三会"制度是指发源于上海市卢湾区（现黄浦区）的听证会、协调会、评议会制度，这是一套旨在推动基层民主自治、解决社区公共事务和矛盾纠纷的有效机制。[1]"三会"制度的源头可追溯至 1999 年卢湾区部分街道社区的实践探索。当时，许多社区工作者面临一个棘手难题：好心办事却难获居民认可，甚至引发矛盾。例如，卢湾区汝南街为了关爱居民身心健康，计划为老式里弄添置 10 个健身器材，这一举措却遭部分居民反对，理由是担心小区空间更局促、噪声扰人休息，这也催生出"怎样切实代表群众利益""如何整合多元利益群体关系"等新课题。党组织敏锐捕捉到经实践检验有效的"三会"制度，经总结、规范后大力推广，迅速覆盖全区。自此，在当时卢湾区四个街道的 81 个居民小区，凡关乎群众生活的大小事，群众都享有充分知情权、发言权与监督权。[2]基于实践，卢湾区及时总结提炼，

---

[1] 王嘉旖、周辰：《全过程人民民主，为人民叙事》，《文汇报》2024 年 5 月 27 日。

[2] 潘鸿雁：《基层群众自治实践与制度建设思考——以上海市三会制度为例》，《华东理工大学学报》（社会科学版）2010 年版第 4 期。

于 2001 年出台《关于建立三会制度的指导意见》，推动全区普及。此后，徐汇区等区县纷纷效仿，各居委会交流经验，为上海全市范围内的推广奠定了基础。[1] 2006 年，上海市民政局总结试点经验，出台《上海市居民区评议会、协调会、听证会制度试行办法》，明确区民政局牵头沟通、居委会组织召集、街道镇协同配合的分工，还初步规范参会人员、会议内容与程序，让"三会"制度融入上海基层群众自治制度。2007 年，上海市党代会报告将其视为推进民主制度化的关键举措，为其深化拓展指明方向。2008 年，徐汇区进一步细化规范，出台相关指导意见。如今，"有事情用三会"已然成为上海众多社区、居民与政府部门的共同认知。黄浦区委提出，"三会"制度作为全过程人民民主在基层治理领域的制度载体，要持续深化各领域的探索实践，统筹整合基层资源力量，拓宽基层组织和群众有序参与的渠道，推动基层民主广泛多层制度化发展。

如今，"三会"制度（听证会、协调会、评议会）已成为全过程人民民主在基层协商民主治理中的制度性表达，通过"民意输入—协商共治—监督反馈"的闭环设计，将全过程人民民主的理念嵌入治理全链条。

其中，听证会构成了全过程人民民主决策的起点。听证会主要是在社区公共事务决策前，广泛听取居民意见和建议，收集各方诉求，为科学决策提供依据。听证会打通了民意直达政策议程的通道，尤其是在老旧小区改造、社区环境整治等民生领域，通过"议题征集—方案共议—结果公示"的流程，确保居民诉求成为决策起点。例如，在推进老旧小区改造的过程中，通过召开听证会，政府可以更好地了解居民的具体需

---

[1]　厉正宏、严冰、陈爱海：《"三会"制度得民心》，《人民日报》2002 年 6 月 12 日。

求，听取他们对于改善居住条件的意见和建议，从而制定出更为科学合理的改造方案。听证会相关实践生动诠释了全过程人民民主"最广泛、最真实"的特质，使政策制定从"政府主导"转向"民意驱动"。

协调会则是全过程人民民主协商的纽带。协调会聚焦于社区内各类矛盾纠纷的化解，组织相关利益方进行面对面沟通协商，寻找解决问题的平衡点，在处理邻里之间的矛盾冲突方面发挥了重要作用。通过引入法律顾问、社区调解员等专业力量，为利益冲突方搭建平等对话的平台，有助于将"对抗性争议"转化为"建设性共识"，最终达成解决方案。[1] 这一过程体现了"有事好商量、众人的事情由众人商量"的协商逻辑，凸显民主在基层治理中的"润滑剂"功能，不仅有效减少了不必要的争执，还增强了社区内部的信任感和支持度。

评议会发挥了全过程人民民主监督的保障功能。评议会是对社区公共事务的执行情况和效果进行评估，由居民对相关工作进行评价，督促改进提升，在监督公共事务管理质量、评估政策实施效果以及促进公共服务改进等方面扮演着关键角色。评议会通常由社区内的居民代表组成，他们基于自身的观察和体验，对政府部门或社会组织提供的服务进行评价，并提出完善建议。这种方式不仅有助于增强群众对公共事务的关注度和责任感，还使得政府部门能够精准捕捉治理短板并及时改进。这种"政策好不好，群众说了算"的监督模式，实现了基层协商民主治理从保障程序参与到发挥实质效能的跨越，保障了全过程人民民主的实践生命力。

（二）运行状况与典型案例：协商共治的基层实践

从运行现状来看，经过多年的发展与实践，"三会"制度在上海

---

[1] 张雅勤：《基层民主协商中话语共识达成的掣肘因素及其消解》，《行政论坛》2024年第6期。

基层社区得到了广泛应用和推广，取得了显著的成效。从应用范围来看，"三会"制度已覆盖上海市各个区的街道和社区，涉及社区建设的方方面面，包括老旧小区改造、垃圾分类、加装电梯、物业管理、社区文化建设等。在参与程度上，越来越多的居民积极主动参与到"三会"中来，充分行使自己的民主权利，表达意见和诉求。据不完全统计，上海市每年通过"三会"制度解决的社区问题数以万计，有效提升了社区治理的效率和质量，增强了居民的获得感、幸福感和安全感。[1]同时，"三会"制度的运行也促进了社区各方力量的协同合作，形成了共建共治共享的良好局面，推动了基层社会治理的现代化进程。

在众多实施"三会"制度的地区中，黄浦区五里桥街道的表现尤为突出。作为这项制度的发源地之一，自20世纪90年代末起，五里桥街道就率先探索并逐步形成了独具特色的基层协商民主治理模式。经过数十年的持续努力和发展，这里已经成为展示中国式现代化进程中基层民主建设成就的一扇窗口。[2]五里桥街道通过"三会"制度的应用，在加装电梯这一重要民生工程项目上取得了显著成效。面对老旧住宅楼内老年人出行不便的问题，街道办事处组织召开了多次专题会议，广泛征求居民意见，光是五里桥街道桥一居民区就召开了200余次现场协调会。"不厌其烦"的背后，体现的是基层协商民主治理的初心，是全过程人民民主根植社区治理的基因。最终，该街道邀请专家和技术人员参与讨论，确定了一套符合实际情况的操作流程和技术标准。2023年，这条以街道名字命名的路上共有10个门栋成功实现

[1] 潘鸿雁：《基层群众自治的实践探索与思考——基于对上海市三会制度的考察》，《新疆社会科学》2011年第3期。

[2] 五里桥街道：《持续将先发优势转化为领跑胜势》，《文汇报》2023年3月4日。

了加梯全覆盖，成了最美七彩"加梯路"。[1]这不仅是对居民生活质量的一次重大提升，也是基层协商民主治理力量的最佳体现。

图 4-1　五里桥街道电梯加装意向听证会现场

近年来，黄浦区正在将"三会"制度向楼宇、园区、商圈、市场等新兴领域及云端延伸，将原先覆盖街区、社区的"平面社区"逐步向商务楼宇、园区等"垂直社区"拓展应用。[2]2024 年 12 月，黄浦区委社会工作部携手十个街道共同开展"聚力善治　聚才增能"2024年黄浦区新时代基层治理"三会"制度示范案例与金牌讲师交流分享会，分享了过去一年来，"三会"制度在基层治理中结出的累累硕果，包括商圈环境治理促进商业繁荣、楼宇园区服务升级激发创新活力、云三会平台拓宽民主参与渠道等过去一年的创新示范案例，为"三会"在新时代背景下赋能基层协商民主治理提供了更多、更有力的支撑。其中，典型的案例包括外滩街道的"德必外滩 WE"项目，

[1]　顾一琼：《"三会"制度喵下民生难题，老大楼成功换梯》,《文汇报》2021 年 12 月 22 日。

[2]　黄浦瑞金二路街道：《让"三会"制度走进"竖起来的社区"》,《上海人大月刊》2024年第 7 期。

在"三会"制度的赋能下，该项目紧扣企业和白领们的共性需求形成共治议题，推动议题落地，开展监督评议，确保执行成效，不仅提升了企业和白领对园区的归属感和获得感，也为街区商圈治理提供了可推广的经验。五里桥街道的"春江格里厢"项目则利用数字化平台，将云"三会"功能模块嵌入"社区云"平台，提升了全人群、全时段参与基层民主的可及性，同时依托微信群等线上平台，让制度实践全过程更加便捷高效、公开透明。[1]这些创新举措旨在打破传统地理界限，让更多类型的人群都能投入基层协商民主治理实践中。

图 4-2　黄浦区"三会"制度示范案例分享会现场

在"三会"制度推广与应用的过程中，上海市不少地区涌现出了典型的案例。近年来，徐汇区持续打造社区服务民生品牌——邻里

[1]　刘子烨：《把基层治理"金字招牌"擦得更亮》，《联合时报》2023年2月3日。

汇，为居民就近提供社区食堂、社区卫生服务站点、社区文体活动空间及社区助浴场所等公共服务设施。[1] 在邻里汇建设过程中，"三会"制度发挥了重要作用。首先，听证会成为居民表达需求的重要平台，居民对卫生服务站点、老年日托中心等设施的布局和服务功能提出了具体建议。这些意见被充分采纳并融入规划设计中，确保了公共服务设施的建设能够精准对接居民需求。在设施建设和优化过程中，协调会发挥了关键作用。针对社区食堂的选址、社区卫生站的服务范围等问题，相关部门与居民代表、社区组织等通过协调会共同商讨解决方案，有效化解了建设过程中的矛盾和问题。评议会则在设施建成后对服务质量和运行效果进行监督和评价，居民的反馈成为进一步优化服务的重要依据。通过"三会"制度，徐汇区不仅提升了社区公共服务设施的品质，还增强了居民的参与感和获得感，使"15分钟社区生活圈"真正成为居民生活中的"幸福圈"。[2]

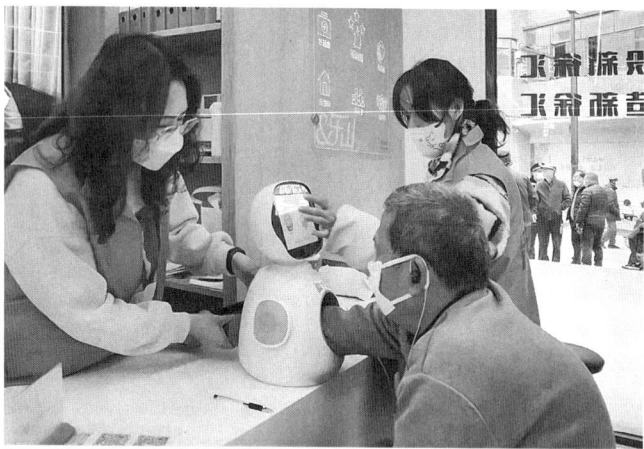

图 4-3　徐汇区"邻里汇"为老人提供量血压服务

---

[1] 万小岚：《下好先手棋，谱写新时代徐汇民政事业新篇章》，《中国社会报》2021年3月3日。

[2] 《徐汇："城"就美好，释放软实力转化发展力》，《文汇报》2024年11月2日。

　　在虹口区的旧改项目中，"三会"制度则成功地解决了居民的情感诉求，成为城市更新与人文关怀相结合的典范。年过七旬的麦玉培夫妇居住在虹口区吴淞路的石库门里弄，这里承载了他们大半辈子的回忆。当旧改搬迁通知下达时，夫妇俩既期待新居的改善，又不舍院中陪伴了他们60多年的紫藤树。得知居民的诉求后，虹口区旧改指挥部和绿化部门高度重视。通过"三会"制度，相关部门迅速行动，召开听证会，邀请麦玉培夫妇及相关居民代表，详细听取他们对紫藤树移植的意愿和建议。在听证会上，居民们表达了对老树的深厚情感，希望它能在新的环境中继续生长。随后，旧改指挥部联合绿化专家、社区代表等召开协调会，共同商讨紫藤树的移植方案。经过多次论证和实地考察，最终确定将紫藤树移植到和平公园，那里不仅环境优美，还能让更多的市民欣赏到这棵老树的风姿。2023年2月，麦玉培夫妇在和平公园与他们的"老朋友"重逢，看到紫藤树在新环境中茁壮成长，他们激动不已。[1] 这一案例生动地诠释了"三会"制度在

图 4-4　麦玉培夫妇在上海和平公园看望紫藤树

---

[1]　单颖文：《果树"搬家"续写城市更新故事》，《文汇报》2025年1月9日。

基层治理中的重要作用，彰显了城市更新改造中的人文关怀。

总体而言，"三会"制度充分贯彻听证会定方向、协调会破难题、评议会验成效，将民主协商贯穿于基层治理的"事前—事中—事后"全流程，不仅解决了如何使民主落地的操作性问题，更通过制度化设计避免了"协商空转""议而不决"的治理困境。[1]随着"三会"制度的不断深化和完善，越来越多的居民开始意识到自己是基层治理不可或缺的一部分。[2]他们不再满足于仅仅作为旁观者或接受者的角色，而是更加主动地参与到各类活动中来，发表自己的见解，并愿意承担相应的责任，基层协商民主治理的理念也正通过这一制度设计逐渐深入人心。

（三）创新价值：直接参与的民主实践

"三会"制度对于推动基层协商民主治理，贯彻全过程人民民主理念具有重要意义。首先，"三会"制度是党建引领基层治理的核心力量，有力促进了党的领导与人民民主的深度融合。依托听证会、协调会、评议会构建的制度化体系，将民主协商全面贯穿于基层治理各个环节，强化了党组织在基层的引领地位[3]。一方面，该制度为党组织凝聚各方力量、协调多元利益提供了平台。在涉及民众切身利益诉求的事项上，通过"三会"制度，党组织召集居民、物业、施工方等各方代表协商，平衡各方利益，推动项目顺利进行，实现资源整合与共识凝聚；另一方面，该制度凭借规范民主程序，决策过程充分吸纳各方建议，考量多方面因素，确保决策科学公正，提升了党组织在群

[1] 许耀桐、刘佳佳：《民主和集中关系：认识的演进发展及运行中的纠偏矫正》，《中州学刊》2022年第9期。

[2] 杨萍：《打造全过程人民民主最佳实践地的黄浦探索》，《党政论坛》2023年第5期。

[3] 张等文、解秀丽：《党的领导：发展全过程人民民主的基本经验与根本政治保证》，《理论月刊》2023年第12期。

众中的公信力与影响力。"三会"制度的落地实施，丰富了党建工作实践形式与内涵，推动了基层党组织从传统管理模式向服务型、协商型治理主体转变[1]。它搭建起党组织与群众的沟通桥梁，让党组织精准了解群众需求，及时回应群众关切，切实将党的群众路线落实到基层治理实践中。

其次，依靠常态化机制与制度保障，"三会"制度打造出全链条的基层协商民主治理实践范式。它并非临时应对之策，而是深度融入基层治理体系的常态化运行机制。社区依据年度规划明确听证会议题清单，涉及城市更新、公共服务优化等诸多领域，确保民意能提前介入决策；协调会按需适时召开，有效化解邻里纠纷、商户与居民矛盾等现实问题，维护社区和谐稳定；评议会定期举行，对政策执行、社区服务质量进行监督评估，促使各项工作持续改进。如此稳定运行节奏，避免民主实践"运动式"的弊端[2]，让基层协商民主治理深入人心。

同时，"三会"制度切实破解超大城市治理难题。尤其是在常住人口超 2400 万、利益诉求高度分化的上海，若依赖传统治理模式，政策制定多依赖政府单方研判，容易出现供需错位的现象。而"三会"制度的听证会通过开放议题，把群众真实诉求转化为治理议程，以"需求驱动"模式直击民生痛点，减少资源浪费与执行阻力[3]。此外，超大城市利益冲突多发，若处理不当极易升级为群体性事件。协调会引入专业调解力量，组织平等对话，在矛盾萌芽阶段及时化解，既降低行政成本，又维护社区和谐，彰显"以协商替代对抗"的治理智慧。

---

[1] 郭红军：《中国共产党协商民主的基本经验探论》，《中州学刊》2017 年第 10 期。

[2] 谭荧：《运动式治理的长效问题与优化路径》，《理论视野》2024 年第 9 期。

[3] 孟天广、严宇：《协商回应：共识导向的基层回应模式——基于淮安"码"上议的案例研究》，《学习与探索》2024 年第 6 期。

二、"三所联动"：平安建设的群众路线

（一）历史与内涵："枫桥经验"的传承与更新

上海"三所联动"工作创新指的是公安、司法和律师三方协同联动，通过整合派出所、司法所和律师事务所的资源，共享信息、优势互补形成合力，形成多元化的矛盾纠纷化解途径。[1]

习近平总书记指出："要坚持好、发展好新时代'枫桥经验'，坚持党的群众路线，正确处理人民内部矛盾，紧紧依靠人民群众，把问题解决在基层、化解在萌芽状态。"[2]"三所联动"机制的历史由来与"枫桥经验"的传承和发展密切相关。"枫桥经验"起源于 20 世纪 60 年代初的浙江省诸暨市枫桥镇，当时枫桥镇的干部群众在社会主义教育运动中创造了"发动和依靠群众，坚持矛盾不上交，就地解决"的社会治理模式。这种模式的核心在于通过群众的力量化解基层矛盾，避免矛盾升级，其精髓被毛泽东同志肯定并推广至全国。[3]随着社会发展，传统调解模式难以满足需求，"枫桥经验"不断与时俱进，从早期的社会改造经验逐步发展为社会治安综合治理经验，并在新时代进一步拓展为基层自治、法治建设和平安建设的成功经验。[4]上海市的"三所联动"机制正是在这一背景下，对"枫桥经验"的创新性发展。

---

[1] 任勇、冯汝莹：《新时代"枫桥经验"与中国共产党推动基层平安建设实践》，《东岳论丛》2025 年第 1 期。

[2] 《始终干在实处走在前列勇立潮头　奋力谱写中国式现代化浙江新篇章》，《人民日报》2023 年 9 月 26 日。

[3] 王斌通：《"枫桥式工作法"与基层社会治理效能提升》，《行政管理改革》2024 年第 5 期。

[4] 王玉红、王喆：《守正与创新：新时代"枫桥经验"引领基层社会治理法治化变革》，《青海社会科学》2024 年第 1 期。

这一机制不仅延续了"枫桥经验"中"组织建设走在工作前，预测工作走在预防前，预防工作走在调解前，调解工作走在激化前"的实践要求，还在此基础上从单一群众自治转向"群众 + 专业力量"协同共治，以更专业化、法治化的手段推动全过程人民民主从理念向效能转化，确保基层协商民主治理始终在法治轨道上运行。具体而言，派出所负责矛盾排查与秩序维护，司法所统筹调解资源与程序规范，律师事务所提供中立法律意见与权益保障，三者协同形成"预防—调解—执行"的全链条闭环。这一设计将人民意志与法治权威有机结合，既保障了群众在矛盾化解中的充分参与权，又通过法律规范提升协商结果的合法性与公信力，为超大城市矛盾纠纷的预防与化解提供了系统性解决方案，体现了全过程人民民主在超大城市治理中的适应性创新。

（二）运行状况与典型案例：法治路径下的矛盾化解

上海"三所联动"机制的探索起源于虹口区的一次火灾事件。2020 年，虹口区凉城街道一小区发生火灾，灾后修缮赔偿问题引发了群体性矛盾。面对这一复杂局面，凉城街道首次尝试由街道党工委统筹，启动了由派出所、司法所和街道社区法律顾问参与的"三所组团式"化解法。这一机制充分发挥了派出所的执法权威性、司法所的专业调解能力和律师的专业法律优势，三方协同作战，快速推进矛盾纠纷的合法、合情、合理化解。这次成功实践不仅妥善完成了 36 户居民的调解工作，还坚定了虹口区以"三所联动"推进源头治理的信心和决心。此后，虹口区总结提炼这一经验，于 2022 年在凉城新村街道建立了全区首个街道层面的"三所联动"调解室，并在水电居委会成立了首个社区"三所联动"调解点。[1] 通过整合资源，虹口区逐步

---

[1]　胡蝶飞：《"三所联动"，引导居民遇事找法》，《上海法治报》2024 年 1 月 31 日。

形成了覆盖全区的多元化解工作格局，包括 9 个派出所矛盾纠纷调处室、8 个公共法律服务工作站和 198 个居委会法律服务室，并签约了 16 家律师事务所。[1] 这一机制不仅提升了基层治理水平，还为新时代"枫桥经验"在虹口区的实践注入了新的活力。

图 4-5　虹口区"虹馨·三所联动"工作室

实践中，"三所联动"机制逐渐显示出其独特的优势，并开始在全国范围内引起广泛关注。根据 2023 年 10 月的数据，上海全市 16 个区的 353 个公安派出所全部建立了"三所联动"机制，累计排查化解各类矛盾纠纷超过 61 万起，因矛盾激化引发的命案数下降了 30.4%，充分证明了该机制在提高基层治理效能方面的显著成效。[2] 2024 年 7 月，上海市委、市政府办公厅正式审议通过了《关于深化"三所联动"，助力超大城市基层治理体系和治理能力现代化、促进社会和谐稳定的意见》。这份文件不仅明确了未来一段时间内"三所联动"的发展方向，还将之提升到了制度创新的高度，标志着

---

[1]　王贺：《虹口善治启示录》，《人民法院报》2024 年 7 月 18 日。

[2]　徐葳、顾婧妮：《深化"三所联动"助推矛盾纠纷多元化解》，《人民公安报》2024 年 8 月 19 日。

这项工作机制进入了全新的发展阶段。根据新出台的意见，各级政府将加大对"三所联动"的支持力度，包括但不限于增加财政投入、完善法律法规配套措施等方面，以确保该机制能够持续健康发展并发挥更大作用。同时，该意见还强调要不断创新和完善现有的工作流程和服务内容，例如建立社区少年服务队、实施社区微网格治理等举措，以此来进一步丰富拓展"三所联动"机制的内涵和外延。在 2024 年 9 月召开的上海公安工作会议上，上海市委书记陈吉宁强调，化解矛盾纠纷要跨前一步、源头治理，深化"三所联动"机制，推动派出所与属地"同频共振"，推动各部门"联合会诊"，推动将"个案"解决变为"类案"解决，推动更多矛盾纠纷"事心双解"。[1]

在虹口区曲阳路街道密三小区，一个典型的"三所联动"案例生动展现了这一机制在基层协商民主治理中的高效性和专业性。该小区的几部加装电梯项目已经完工，但因承包方与施工方之间的经济纠纷而停滞不前，无法进入验收环节。电梯的停用不仅给居民的日常生活带来了极大不便，也引发了居民们的焦虑和不满，矛盾一触即发。面对这一棘手问题，属地凉城新村派出所迅速启动"三所联动"机制，社区民警第一时间介入，联合驻所律师为双方提供专业的法律咨询。民警凭借丰富的基层治理经验，安抚双方情绪，稳定现场秩序；律师则从法律角度出发，详细分析双方的合同条款和权利义务，为纠纷的解决提供了明确的法律依据。经过深入沟通，双方最终接受了民警和律师提出的解决方案。几天后，在司法所的协助下，承包方与施工方共同前往司法所，对资金账目进行了详细的梳理和核对。司法所凭借其专业的调解能力，为双方搭建了一个公平、公正的协商平台，进一

---

[1] 张骏：《打造一流平安城市警务模式警察形象》，《解放日报》2024 年 9 月 3 日。

步推动了问题的解决。经过一系列高效的协调和努力，资金问题得以厘清，加装电梯项目顺利通过验收并投入使用。居民们期盼已久的电梯终于可以正常运行，小区内的紧张氛围也随之消散。[1] 此案例展示了"三所联动"如何快速响应并高效解决问题的能力，同时也体现了其在基层协商民主治理过程中的专业性和灵活性。

图 4-6　央视报道上海市虹口区"三所联动"典型经验

在虹口区北外滩街道，新弘北外滩小区与兰侨大厦小区之间的邻里围墙纠纷是一个典型的"三所联动"成功案例。两个小区仅一墙之隔，新弘北外滩小区在施工过程中引发了相邻兰侨大厦小区墙体开裂、房屋漏水等问题，随后又因围墙的高度和占地问题，双方居民发生激烈争执，矛盾不断升级。为解决这一复杂纠纷，北外滩派出所启动了"三所联动"机制，联合司法所和律师事务所共同介入。在调解过程中，民警、调解员和律师多次组织双方进行协商，通过"背靠背"调解策略，分别与双方沟通，逐步缩小分歧。最终，在多方共同努力下，双方达成共识：新弘北外滩小区开发商拆除了旧围墙，双方共用一面新围墙，并主动退让 30 厘米，围墙高度从 4 米降至

---

[1]　邬林桦：《上海"三所联动"朋友圈越来越大》，《解放日报》2024 年 7 月 12 日。

2.5 米，成了现代版"六尺巷"的佳话，展现了"三所联动"机制的效能。[1]

图 4-7　虹口区北外滩派出所启动"三所联动"机制

与此同时，其他地区也在充分吸收归纳"三所联动"这一机制的经验基础上进行开拓创新。例如，宝山区友谊路街道对"三所联动"进行再升级：纵向以街道人民调解委员会为主阵地、居（村）人民调解委员会为延伸点，搭建"1＋41"人民调解网；横向以"3"（派出所、司法所、律师事务所"三所联动"）为基础、"N"（平安友谊建设协调小组成员单位）为助力，构建矛盾调解、综治服务、大综合执法"三合一"多元纠纷化解平台，实现信息汇总、流转督办、联合处置的工作闭环。在宝山区友谊路街道，一起涉及 25 名员工的劳资纠纷就通过创新的"3＋N"机制得到了高效化解。一天夜晚，该区双城派出所接到报警，称宝杨宝龙广场 3 楼有两名男子欲跳楼轻生。民警迅速到场处置，发现这两名男子陆某和郑某因在"海上云港"餐厅工作后工资被拖欠，多次讨要无果，情绪激动之下试图通过极端方式

----

[1]　张璁：《"三所联动"的治理启示》，《人民日报》2025 年 2 月 20 日。

逼迫店方支付工资。经调查，该餐厅由三名合伙人经营，共有 25 名员工被拖欠工资，涉及金额约 16 万元。这一案例中，多名经营人之间没有明确的权责协议，员工也未签订用工合同，导致工资发放主体模糊，合伙人之间相互推诿。面对这一复杂局面，双城派出所迅速启动"三所联动"矛盾纠纷联动化解机制，联合司法所、律所和劳动监察部门共同介入。各部门分工明确：民警负责现场秩序维护和情绪安抚，司法所调解员运用专业技巧缓和双方情绪，律师从法律角度为员工提供支持，明确其合法权益，劳动监察部门则督促企业尽快解决欠薪问题。经过 24 小时的不懈努力，最终做通了三名合伙人的工作，筹集到 16 万元工资款项，成功化解了这起劳资纠纷。[1] 通过"3＋N"模式的介入，不仅从源头上推动了问题的解决，还避免了矛盾的进一步激化。这一创新模式的成功实践，为"三所联动"这一重要机制的弘扬与发展注入了新的活力，展现了基层协商民主治理在法治化、精细化方面的巨大潜力。

在静安区南京西路街道，商业消费纠纷一直是基层治理的重点和

图 4-8　宝山区双城派出所启动"三所联动"机制

---

[1] 廉颖婷、王启虎：《上海宝山完善"家门口"信访服务体系》，《法治日报》2024 年 11 月 27 日。

难点，"三所联动"机制为其提供了新的思路。由于该地区商业活动频繁，高档商务楼宇林立，消费纠纷数量占比较高，甚至超过50%。为有效化解这些纠纷，南京西路街道也尝试创新性地将商务、市场监管、城管等部门纳入"三所联动"框架，形成了"3＋N"多元解纷模式，并以建设"无讼楼宇"为目标，与静安寺法院联合建立了矛盾纠纷源头化解工作站。一个典型案例发生在南京西路某商业广场，一家国际知名皮具品牌与消费者之间因产品质量问题引发纠纷。消费者购买的皮包使用一段时间后出现划痕，要求退换，但品牌方因无法确定划痕产生的时间，拒绝退货。双方陷入僵局，消费者情绪激动，甚至引发围观。南京西路街道迅速启动"三所联动"机制，楼宇专管民警第一时间赶到现场，安抚双方情绪，并将双方引导至街道设立的法律服务站进行调解。在调解过程中，街道调解员、律师以及区商务委工作人员共同参与。律师从法律角度为消费者和品牌方分析责任归属和举证难度，调解员则从情感和商业信誉角度进行劝解。最终，双方达成一致：消费者放弃退货要求，品牌方则给予消费者下次购买同品牌产品的 VIP 权限，包括免等待取货等优惠。这一调解结果不仅化解了纠纷，还维护了品牌方的商业形象，得到了双方的高度认可，这一案例还入选了 2024 年上海市静安区营商环境优秀品牌十佳案例。[1] 通过对"三所联动"机制的借鉴与创新，南京西路街道实现了矛盾纠纷的前置化解，纠纷类警情同比下降 22.6%。这种模式不仅提升了矛盾化解效率，还为优化营商环境、促进商业繁荣提供了有力保障。

---

[1] 刘浩：《上海市市场监管局全力打造执法为民"铁拳"品牌》，《中国消费者报》2024 年 12 月 30 日。

图 4-9　南京西路街道"无讼楼宇"得到表彰

（三）创新意义：全过程人民民主的法治保障

"三所联动"机制在促进基层协商民主治理以及落实全过程人民民主理念方面具有重要价值。其一，该机制通过跨部门协同，重构基层治理的组织逻辑与运行模式，破解了超大城市治理的碎片化困境。在超大城市治理中，传统行政体系常因职能分割、资源分散而陷入"九龙治水"的困境，导致矛盾化解效率低下、治理成本高。而"三所联动"通过派出所、司法所、律师事务所的深度协作，实现了执法权威、法律专业性与调解规范性的有机统一。[1] 派出所依托执法权保障调解结果的强制执行力，司法所统筹调解流程的合法性与公平性，律师事务所则以中立视角提供法律支撑，三者形成"预防—调解—执行"的全链条闭环。这种制度协同打破了部门壁垒，将分散的治理资源整合为系统化的矛盾化解网络，既避免了"踢皮球"式的推诿现象，又通过专业化分工提升了治理效能。例如，在劳资纠纷中，劳动监察部门的介入与司法所的调解形成互补，律师的法律

---

[1] 郑延瑾、任勇：《新时代"枫桥经验"与城市基层纠纷治理共同体构建——以上海市 D 区为例》，《党政研究》2024 年第 4 期。

意见则为协商提供刚性约束，使复杂矛盾得以快速定分止争。这种制度设计不仅是对传统"枫桥经验"的升级[1]，更是超大城市治理现代化的关键突破，为破解规模治理中的碎片化难题提供了可复制的范式。

其二，"三所联动"机制以法治化路径重塑基层协商民主治理实践，使法律成为全过程人民民主的权威保障。全过程人民民主强调"众人的事情由众人商量"，但若缺乏法治保障，协商结果易陷入"议而不决、决而不行"的困境。"三所联动"通过引入律师的专业法律意见，将情理法充分融合于协商过程，既尊重群众的情感诉求，又以法律规范划定行为边界。例如，在物业纠纷中，律师对物权法条款的解读为居民与物业公司提供了清晰的权责框架，司法所则通过程序规范确保协商的公平性，派出所最终以执法权威保障协议落地。这种法治化协商不仅提升了群众对调解结果的信任度，更使民主实践从"软性共识"升级为"刚性约束"，实现了民主与法治的辩证统一。[2]尤为重要的是，这一机制通过法律赋权，将群众参与从意见表达延伸至权利主张，使民主协商成为维护公民合法权益的制度化渠道，彰显了全过程人民民主对"实质正义"的追求。

其三，"三所联动"机制的源头治理思路有助于构建社会长治久安的内生韧性。传统治理模式多聚焦"事后灭火"，而"三所联动"依托网格化管理与大数据监测，主动识别潜在风险，推动治理重心从末端处置向前端干预转移。民警常态化走访排查矛盾苗头，司法所提

［1］ 宋世明、程荃：《新时代创新发展"枫桥经验"的城乡比较——基于场域理论的分析》，《行政管理改革》2023 年第 9 期。

［2］ 付子堂、魏杰：《全过程人民民主的法治维度》，《广西民族大学学报》（哲学社会科学版）2024 年第 1 期。

前介入厘清法律风险，律师通过普法宣传提升群众法治意识，三者协同形成"未病先防"的治理生态。[1]例如，在社区改造中，提前引入法律顾问解读政策法规，可避免因信息不对称引发的群体性抵触；在商业纠纷高发区域，常态化的法律咨询服务能减少合同争议。这种源头治理模式不仅降低了矛盾爆发的概率，更通过持续的风险防控与社会教育，培育了群众依法维权、理性参与的治理文化。[2]长远来看，这种从"被动维稳"向"主动创稳"的转型，增强了超大城市的社会韧性，为高质量发展奠定了稳定的社会基础。

三、"四百"大走访：基层一线的双向奔赴

（一）历史与内涵：凝聚民心的历史延续

"四百"大走访活动是上海市委、市政府为了增进干部与群众之间的联系沟通而发起的一项重要行动，其全称为"进百家门、访百家情、解百家难、暖百家心"。"四百"大走访的概念具有深厚的历史积淀，最早可以追溯到 20 世纪 90 年代初的"凝聚力工程"。当时，上海正处于改革开放的深化阶段，经济体制改革与产业结构调整带来了诸多社会问题，如百万职工转岗、百万居民动迁、百万人口流动等。面对这些挑战，华阳路街道的基层干部走出机关，深入社区，探索出"串百家门、知百家情、解百家难、暖百家心"的"四百"工作法，以此传递党和政府的关怀。[3]"凝聚力工程"的早期发展也经历了多

---

[1] 宋世明、黄振威：《在社会基层坚持和发展新时代"枫桥经验"》，《管理世界》2023 年第 1 期。

[2] 金伯中：《论新时代"枫桥经验"的基本内涵》，《世界社会科学》2024 年第 3 期。

[3] 中共上海市长宁区委党校：《"凝聚力工程"的实践创新与理论思考》，《组织人事报》2014 年 11 月 6 日。

个阶段，1993 年至 1996 年是访贫问苦的送温暖工程阶段，重点解决困难群众的生活问题。华阳地区贫困家庭多、失业人员多，街道干部从帮助困难群众入手，走访百家门，排忧解难，让居民感受到党和政府的温暖。1997 年至 1999 年是心系群众的实事工程阶段，街道党工委贯彻"两级政府、三级管理"要求，从帮困送温暖向关心服务群众提升，改善居民生活环境，推进文明小区创建和实事工程，如社区事务受理中心、青少年活动中心、敬老院等的建设，切实解决了一批与百姓生活息息相关的热点难点问题。[1]当时，中共上海市委组织部发文向全市推广了华阳路街道的"凝聚力工程"建设经验。值得关注的是，"凝聚力工程"始终秉持与时俱进、开拓创新的精神，顺应时代潮流发展，按照党中央的大政方针，不断创新发展，满足社区居民多元、多变的需求，在这一过程中，"四百"大走访的重要工作方法得到了沿用与发展。

如今，上海市"四百"大走访活动进一步深化，取得了新的进展与成效。各级领导干部积极响应号召，深入基层走访调研，倾听民声民意，了解实际困难，并及时回应民众关切。通过这种方式，政府与市民之间的桥梁得以加固，信任和理解也得以增强。据相关报道，自活动开展以来，上海市的党员干部们累计走访了数百万户家庭，帮助解决了大量民生难题，赢得了社会各界的广泛好评。[2]上海市委书记陈吉宁在 2024 年度党委（党组）书记抓基层党建工作述职评议会上也突出强调，基层党组织要当好群众信任的"主心骨"，深入开展"四百"大走访，增强与群众的共情能力，更好为群众办实事、解难

---

[1] 倪炳生、王佩娟、彭梅芬等：《参与和见证长宁"凝聚力工程"的探索发展历程》，《上海党史与党建》2019 年第 2 期。

[2] 张骏：《抓重大任务落实是试金石磨刀石》，《解放日报》2025 年 1 月 22 日。

事，成为群众思想有困惑、生活有困难时想得起、找得到、靠得住的贴心人。搭建更多群众可参与、易参与的平台载体，培养更多对群众充满感情、为群众竭诚服务的"带头人"，更好发动群众、服务群众、引领群众。这表明"四百"大走访活动在新时代背景下，依然是上海基层党建和基层协商民主治理的重要抓手。

（二）运行状况与典型案例：贴近群众的基层实践

作为"凝聚力工程"的发源地，华阳路街道在新时代背景下充分结合城市更新和新兴群体需求，不断深化"凝聚力工程"的实践，探索出一条适应新形势的"四百"大走访工作路径。这一路径不仅延续了传统精髓，还通过创新机制和方法，使其更加符合新时代的超大城市社区治理需求。

首先，"四百"大走访活动更加注重"进百家门"的深度和广度。华阳路街道通过"一走、二看、三听、四聊、五议、六办、七回头"的"七要诀"工作机制，深入社区微网格，与居民面对面交流，了解居民的实际需求。其中，"七回头"指的是街道对推进的实事项目、治理项目、服务项目进行评估，收集意见建议，从"剖析一个问题"到"解决一类问题"，不断建立健全机制保障。[1]实践中，该街道通过走访发现，随着城市更新和新兴群体的增加，居民对社区服务的需求更加多样化。为此，华阳路街道在2.04平方千米的辖区内构建了五分钟新时代文明实践圈，设立了"暖新巢"新时代文明实践站，为新就业群体如快递员、外卖员提供休息、充电、饮水等服务，并邀请其进行评估与反馈，推动这类重要的群体成为"治理力量"。

---

[1] 苏展：《"四百"大走访：从"小板凳"到"六边形"》，《文汇报》2024年8月7日。

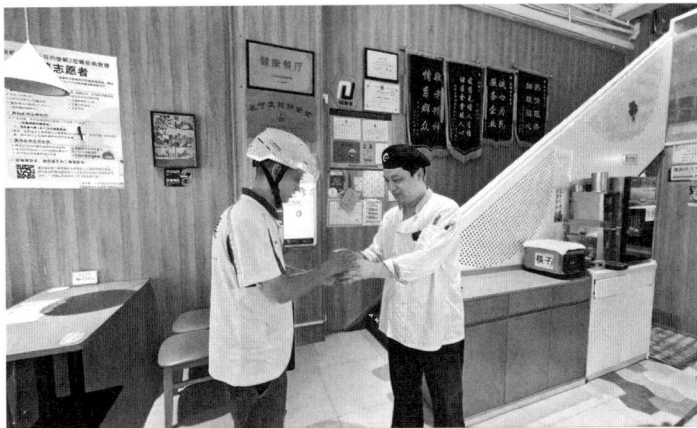

图 4-10　"暖新巢"加盟店工作人员为外卖小哥提供夏季清凉服务

其次，"访百家情"在新时代背景下更加注重精准施策和问题导向。华阳路街道通过"三问三答"工作法，深入了解居民需求，挖掘社区资源，并听取居民对社区建设的合理化建议。[1]例如，在华三居民区关于社区改造的"四百"大走访活动中，涉及屋面漏水、雨棚拆除甚至路灯安装等细节问题，街道全过程都充分征询居民意见。居民区党总支书记在走访中了解到，某户居民的卧室正好在一盏路灯的照明范围内，灯光干扰了居民的作息。但该路灯位于楼栋转角，对大多数居民而言是照明刚需。居委会提议将路灯向外旋转 30 度，为此还专门加开了一次征询会。这种细致入微的工作方式，不仅解决了居民的实际问题，还增强了居民对社区事务的参与感和认同感。通过解决路灯干扰居民作息、小区改造中的停车难等问题，真正做到了"问计于民、问需于民、问效于民"。

在"解百家难"方面，华阳路街道通过"四百"大走访活动，链接多方资源，切实化解居民的实际困难。其中，较具代表性的就是该街道开展的"百企帮百家"活动。活动旨在通过党建引领，动员区

---

[1]　舒抒：《"凝聚力工程"发源地的新实践》，《解放日报》2024 年 8 月 5 日。

图 4-11 华三居民区党总支在改造过程中充分听取居民意见

域内企业与困难家庭一对一结对，提供资金支持、就业指导和技能培训等多元化帮扶。街道引进专业社会组织，推动服务项目化，如上海喜雅爱心社区服务中心，为独居老人和高龄老人提供助老服务，展现了社会组织在社区服务中的专业优势。[1]此外，华阳路街道共有106家社会组织参与其中，形成了"人人参与、人人共享"的社区治理格局。例如，中国科学院上海硅酸盐研究所的国家重点实验室与生物中心党支部每年春节前走访慰问困难家庭，送上生活用品和慰问金，体现了党建联建和企业社会责任的深度融合。通过"百企帮百家"活动，华阳路街道不仅解决了居民的实际困难，还提升了社区治理效能，展现了"四百"大走访在新时代背景下的强大生命力和创新活力。

---

[1] 王宛艺、周辰、苏展等：《冰点之下，他们筑起"温暖防线"》，《文汇报》2023年12月22日。

图 4-12　国家重点实验室与生物中心党支部走访慰问华阳街道结对困难家庭

最后，"暖百家心"在新时代背景下更加注重社区文化的建设和市民们公共空间的拓展。其中，较为典型的就是该街道围绕"一江一河"战略打造的综合性党群服务阵地"苏河馆下会客厅"，融合了基层民主协商、法律人才服务、文化传承和公共空间服务等多重功能，充分激发街区活力。城管部门围绕沿苏州河步道管理、沿线街区管控、周边小区环境治理、水环境保护等群众关切的热点问题，在会客厅定期邀请沿线居民、企业代表等，广泛收集社情民意，进而把来自各方的"金点子"转化为社区治理的"金钥匙"[1]，找到社区"小事"在全社会意愿和要求中的"最大公约数"，实现全过程人民民主"零距离"。此外，"苏河馆下会客厅"还通过"宁聚里·馆下会客厅"党群服务站，提供党务咨询、办理服务，推送专题党课、行进式党课、音乐党课等多种形式课程，传承红色基因，增强党群之间的联系与交流。通过这些举措，华阳路街道不仅提升了社区治理效能，还增强了居民的获得感和幸福感，展现了"四百"大走访在新时代背景下的强大生命力。

---

[1] 赵成、曹玲娟：《党建引领基层治理　人民城市更有温度》，《人民日报》2022年12月6日。

图 4-13 "宁聚里·馆下会客厅"党群服务站开展专题党课

在上海其他市辖区，"四百"大走访也已成为提升社区治理效能、推动基层协商民主治理的重要抓手。徐汇区徐家汇街道通过"四百"大走访活动，结合党建联建和社区资源，优化社区服务，充分体现了居民意见对决策的影响。其中，交大新村居委的实践是这一活动的典型代表。交大新村居委通过党建联建，与上海市发展改革研究院第三党支部合作，共同走访慰问孤老、百岁老人等特殊群体。在走访过程中，居委干部和党员志愿者们深入居民家中，了解他们的实际需求和困难。例如，一位独居老人表达了对社区食堂的需求，希望能有更便捷的就餐服务。这一建议被居委高度重视，并将其纳入社区服务的优化计划中。同时，居委还探讨如何将交通大学的资源融入社区服务。通过与高校的合作，社区引入了专业的志愿服务团队，为居民提供法律咨询、健康讲座、文化活动等服务，这让居民的意见直接影响了社区服务的内容和方式，使服务更加贴合居民的实际需求。交大新村居委的汇贤雅居小区，近七成居民为教授、专家、离休干部，近年来在社会组织的参与支持下，他们成立"汇贤家园"自治理事会，围绕该小区日常管理，开展"七色花"自治项目，带动小区居民，发挥各自所长在社区中推进社区宣传、安全、关爱、环境等建设，成为远近闻名的小区治理"教授智囊团"[1]，推动了基层协商民主治理的深化。

图 4-14　上海交通大学老干部处党委到交大新村居民区开展调研座谈活动

在闵行区颛桥镇银一居民区，社区便民服务的优化也是"四百"大走访活动推动基层协商民主治理的生动实践。银一居民区建成于1995年，是颛桥地区最早一批动迁安置型社区，总人口约 2 万人。由于周边配套设施缺失，小区内部一度乱象丛生，与当时闵行区争创全国文明城市的要求相距甚远。然而，通过"四百"大走访活动，银一居民区实现了从"乱"到"治"再到"美"的华丽蜕变。[2]在改造党群服务站的过程中，银一居民区党总支遵循将"听需求"转为"问需求"的理念，深入开展"四百"大走访活动，居委干部走村串户，广泛听取居民意见。从便民点到亲子空间，再到家庭医生入驻，服务站

---

［1］《上海市徐汇区徐家汇街道探索"三组联动"推动社会组织参与基层社区治理》，《中国社会组织》2018 年第 21 期。

［2］周辰：《"同题共答"为民服务一件事》，《文汇报》2023 年 10 月 21 日。

的每个空间功能、版面布置和细节位置，都是居民共同参与并"海选"出来的。改造前，服务站面积仅有 280 平方米，通过党建引领盘活资源，最终拓展到 630 平方米。在功能层面，有关领导干部在升级改造过程中充分考虑居民诉求，不仅设置了便民服务点，提供修车、缝补等日常服务，满足居民的刚性需求，还邀请了家庭医生入驻党群服务站，为患有糖尿病、高血压等慢性病的居民提供了极大便利，有效解决其"急难愁盼"问题。[1]银一居民区的治理经验不仅体现在服务站的改造上，还体现在社区治理的多个方面。例如，针对小区"抢车位"问题，居民区党总支协调居委、物业、业委会，反复征询业主意见后，制定出台了《银一居民区车辆管理制度（试行）》，对小区业主、租户车辆分类明确收费标准，并组建监督小组确保制度落地。这种居民自治的方式，使得小区的管理更加民主、科学，也更能满足居民的实际需求。总体而言，通过贯彻"四百"大走访的方法路线，

图 4-15　改造后的闵行区银一居民区党群服务站便民服务点

---

[1]　黄勇娣：《联学联研联答为民办实事》，《解放日报》2023 年 11 月 3 日。

银一居民区成功打造了一个集便民服务、社区治理和居民自治于一体的党群服务站，成为基层协商民主治理的新阵地[1]，该居民区也成功获得全国民主法治示范社区、全国综合减灾示范社区、上海市文明小区等多个荣誉。

（三）创新意义：全过程人民民主的互动场景

"四百"大走访的工作方法在基层协商民主治理实践中具有不可替代的独特价值。一方面，以"面对面"的互动重构党群信任关系，形成坚固的情感联结。相较于"三会"的程序化协商或"三所联动"的法治化调解，"四百"大走访通过干部常态化下沉社区，直接倾听群众心声，将民主实践从制度场域延伸至生活场景。在超大城市治理中，科层制的层级阻隔易导致政策悬浮。[2]而"四百"大走访以进百家门的主动姿态，打破物理空间与心理空间的双重隔阂，使群众感受到"诉求有回应、问题有人管"。例如，在老旧小区改造中，干部通过逐户走访解释政策、收集个性化需求，既避免了因信息不对称引发的群体抵触，又以真诚沟通消解了群众对"一刀切"政策的疑虑。这种情感赋能治理的逻辑，不仅提升了政策接受度，更通过持续互动累积社会信任资本[3]，为其他协商机制（如"三会"）的有效运行奠定了情感基础。其独特性在于：信任不是基层协商的结果，而是民主实践的前提，唯有群众信任政府，才愿积极参与后续的听证、评议，而"四百"大走访正是这一信任的基础。

---

[1] 王烨捷：《上海闵行党群服务站改建主打"我要就有"》，《中国青年报》2023年12月13日。

[2] 董慧、杜晓依：《新时代超大城市治理现代化的"道"与"术"》，《甘肃社会科学》2024年第3期。

[3] 王炳权：《以民主推进治理：全过程人民民主赋能基层治理的逻辑理路》，《行政论坛》2024年第1期。

另一方面，"四百"大走访工作方式强调参与主体的普惠覆盖，解决了其他机制难以触及"沉默多数"的治理盲区。[1]其他基层协商民主治理实践往往依赖居民代表或社区积极分子，而流动人口、老年人等群体易被边缘化；同时，大部分基层协商主要针对已发生的矛盾纠纷或既定事项，难以主动触达潜在诉求者。"四百"大走访则以"一户不落"的走访要求，将民主参与延伸至治理末梢。无论是独居老人、外来租客，还是忙于生计的个体工商户，干部均需主动上门倾听诉求。例如，在社区公共服务优化中，干部通过走访发现外来务工人员对夜间照明、公共浴室的需求，将其纳入改造方案，填补了传统调研的数据盲点。这种"零门槛参与"机制，不仅保障了弱势群体的表达权，更通过"一户一档"的民情数据库，将分散的个体诉求转化为系统治理议题。其意义超越了简单的信息收集，而是以人人可及的参与设计，真正实现了全过程人民民主"全覆盖"的承诺，具有独特的价值。

此外，"四百"大走访工作方法的独特性还在于"动态感知、快速响应"的治理敏捷性，这是对传统协商机制周期性与被动性的重要补充。通过干部常态化走访，能够实时捕捉民情变化，在问题萌芽阶段即介入处理。这种"未诉先办"的能力，源于其两大特性：一是信息获取的即时性，走访不受议题限制，可随时发现新问题；二是响应机制的灵活性，干部可当场协调资源或上报应急响应优先级，缩短决策链条。尤其在超大城市治理中，如公共安全事件、群体性舆情等社会风险具有突发性、跨界性特征，传统应对机制往往滞后[2]，而

---

[1] 陈荣卓、杨广西：《我国基层民主高质量发展的意涵、特征与进路》，《华中师范大学学报》（人文社会科学版）2024年第4期。

[2] 张良：《风险治理视角下城市风险事件预警响应框架构建研究》，《华东理工大学学报》（社会科学版）2020年第3期。

"四百"大走访以前端触角功能，成为风险预警的"传感器"与应急响应的"先锋队"。这种敏捷性不仅提升了治理效能，更通过快速解决群众"小急难"问题，累积了政府公信力，为其他制度的长效运行提供了社会支持。[1]

总体而言，"四百"大走访以人本化路径将民主价值融入日常生活的毛细血管，使"人民民主是一种全过程的民主"不再停留于理论，而是成为群众可感可及的治理实践，使基层协商民主治理既有广度更具温度。

四、民心工程：让居民成为城市的主人

（一）历史与内涵：为民办实事的工作机制

"为民办实事"是上海民生工作的特色品牌，具有深厚的历史。自 1986 年启动以来，市委、市政府每年集中力量办好一批民生实事，已持续开展至今，共实施 1100 多项民生实事项目，有效解决了一大批人民群众最关心、最直接、最现实的问题。[2]上海市在基层民主协商治理中，深入贯彻民主"是要用来解决人民要解决的问题的"，以解决群众实际问题为导向，以共识凝聚为路径，确保民生实事项目和民心工程的协商和实施充分反映群众意愿。这种"以人民为中心"的理念，确保了政策制定和实施过程中群众的广泛参与，从而更好地满足人民群众的需求和期待。特别是在旧区改造等涉及百姓切身利益的事项中，从意愿征询、方案制订到实施推进，全过程让群众参与，寻找

---

［1］ 任宗哲、赵一诺：《敏捷治理赋能地方政府公共服务供给机制创新：理论机理与实践进路》，《人文杂志》2024 年第 11 期。

［2］ 《在民心工程、民生实事中勇挑重担》，《解放日报》2023 年 11 月 29 日。

最大公约数和最佳平衡点，不仅增强了政策的透明度和公信力，也提高了群众的满意度和获得感。

上海市的民心工程之所以能有效地将"全过程人民民主"的理念嵌入城市治理中，首先是因为民心工程的起点在于"需求由民提"。上海市通过多渠道、多层次的民意征集机制，系统梳理群众反映集中的痛点难点问题。在旧区改造、加装电梯、医疗资源下沉等项目中，有关政府部门基于各小区居民意愿征询的结果，优先将群众呼声高、覆盖面广的议题纳入年度民生实事清单，确保项目立项与群众需求精准匹配，打破了传统中群众被动接受政府指定项目的单向模式，使民心工程真正成为"民意的结晶"。

民心工程的实施强调"方案由民议"。相关项目的实施过程，是政府与群众协商、优化方案的过程。在方案设计阶段，通过多轮协商会、专家与居民联席讨论等形式，将专业规划与群众实际需求深度融合。例如，老旧小区改造中，居民对公共空间布局、停车位分配等具体问题的建议，通过协商转化为可操作的改造方案。在实施阶段，由居民代表全程参与工程进度跟踪与质量把关，确保政策承诺落到实处。[1]这一过程不仅赋予群众实质性参与权，更通过知识共享提升其参与治理的能力。

民心工程还注重"成效由民评"。上海市通过第三方测评、成果听证会、线上评价系统等渠道构建多维度的反馈机制[2]，相关工程的成效评估以群众满意度为根本标准，将群众反馈转化为"问题清单—

［1］ 唐烨：《市民代表走街串巷，实地感受民生项目"温度"》，《解放日报》2024 年 9 月 13 日。

［2］ 段文杰：《上海"民心工程"建设的评价体系与推进机制》，《科学发展》2022 年第 4 期。

整改清单—责任清单”的闭环管理，从而实现“人民满意”与“治理有效”的有机统一。

（二）运行状况与典型案例：民意驱动型的实事项目

从 2019 年年底以来，上海市实施了两轮共 35 项民心工程，完成了 153 个民生实事项目，这些项目覆盖了住房、交通、医疗、文化等多个领域，直接关系到市民的日常生活和福祉。例如，为 11.7 万户住房困难群众提供新居，为“悬空”老人加装 9700 多台电梯，切实提高了他们的生活质量。下沉 50% 的专家号到社区，使得居民在家门口就能享受到优质的医疗服务。增加超过 100 家演艺新空间，丰富了市民的文化生活。增加 832 座公园，为市民提供了更多的休闲和运动场所。为社区居民加装 85 万个充电桩，响应了新能源汽车的普及趋势，方便了居民的出行。改造 4700 多个居住小区地下车库的移动通信网络，提升了居民的通信质量。这些数据体现了上海市在基层协商治理和民生实事项目中的民主实践和成效，提升了社区治理效率和居民参与感。这种以人民为中心的基层协商民主治理模式，确保了政策制定和实施过程中群众的广泛参与，从而更好地满足人民群众的需求和期待。以 2024 年数据为例，上海市为民办实事 10 方面 34 项共 43 件任务全面完成，项目建成投运后，通过网上公开接受市民评议、人大代表和政协委员打分、第三方测评等多种方式，开展效果评估。结果显示，国家统计局上海调查总队第三方测评满意度达 96.11 分，为近年最高；人大代表、政协委员和市民网上评议的好评率均超过 90%。[1]

以解决停车难这一关键民生问题为例，为切实提升人民群众的幸

---

[1]　吴頔：《今年 47 件为民办实事项目发布》，《解放日报》2025 年 1 月 24 日。

福感和满意度，市交通委和市道运局根据市委、市政府的统一部署，于 2023 年启动了新一轮停车资源优化民心工程三年行动计划。该计划聚焦住宅小区和医院在特定时段的停车难题，通过创新技术和优化管理，力求从根本上缓解停车矛盾。[1] 该计划推行过程中，静安区的临汾花园小区的停车资源优化项目成了基层协商民主治理的生动体现。该小区登记车辆 700 辆，改造前内部车位仅 545 个，停车缺口突出。面对这一问题，社区通过党建引领和居民广泛参与，推动了一系列优化措施。在改造过程中，社区通过"楼组微协商、小区网格协商、社区大协商"三级对话平台，为居民提供了诉求表达和协商议事的渠道。在改造前，社区组织居民多次召开协商会议，充分听取居民意见，确保改造方案符合居民需求。此外，社区还引入专业力量，如社区规划师和公益组织，为居民提供高质量的专业化服务，实现资源共享和优势互补。通过优化绿化布局重新规划车位，改造后内部通道两侧新增停车位 135 个，并加装地磁设备，实时监测车位使用情况。同时，小区南门附近新建临时停车场，提供 66 个停车泊位，其闸机系统与小区打通，小区居民登记车辆可在临时停车场停放，且费用与小区内部一致。[2] 通过上述措施，该小区居民的停车需求已基本得到满足。这不仅展示了技术与管理创新在解决停车难题中的作用，更体现了基层协商民主治理在民心工程中的重要价值。

在杨浦区社区卫生服务站这一民心工程的升级改造过程中，群众意见就发挥了重要作用，深刻影响了项目的实施方向和成效。改造前期，杨浦区组织人大代表监督小组深入社区卫生服务站，与居民开展

---

[1]《在民心工程、民生实事中勇挑重担》，《解放日报》2023 年 11 月 29 日。

[2] 雷册渊：《这"桩"好事进小区，难在哪儿》，《解放日报》2023 年 3 月 29 日。

面对面交流，充分了解他们对服务站升级改造的期望与需求。在协商过程中，居民们普遍表达了对改善就医环境和增加中医特色服务的强烈愿望。针对这些共性需求，杨浦区在改造中特别注重中医文化的传播和服务能力的提升。以三门社区中医药特色示范社区卫生服务站为例，服务站精心设立了中医特色巡诊诊室、中医治疗室、中医文化角以及名中医工作室等特色空间。这些改造不仅优化了就医环境，提升了舒适度，更让中医文化深入人心，充分满足了居民对中医服务的需求。[1]通过这一系列举措，杨浦区不仅将社区卫生服务站升级改造项目打造成了群众满意的民心工程，也生动诠释了全过程人民民主在基层治理中的实践价值。

上海市的"宝宝屋"民生项目也是基层协商民主治理推动民心工程完善的一个生动案例。"宝宝屋"是静安区江宁路街道在全市率先试

图 4-16　改造后的临汾路 380 弄社区俯视图

---

[1]　姚常房、杨秋兰、谭嘉等：《建好人民城市，上海书写健康新画卷》，《健康报》2025 年 2 月 17 日。

图 4-17　杨浦区三门社区卫生服务站的中医文化角

点建设的"嵌入式""标准化"宝宝临时托管点，该项目的启动源于基层的广泛调研和居民的实际需求。社区工作人员通过走访发现，辖区内约有 900 名 0—3 岁的幼童，其父母大多是双职工，居民普遍希望家附近能有托育点。这一需求反馈成为"宝宝屋"项目启动的重要依据。一位社区居民表示："隔代带娃，最难的是给孙子找同伴，缺少和同龄人互动。"社区宝宝屋的设立，不仅解决了这一问题，还为家长提供了"喘息式"托育服务。在项目推进过程中，各方通过协商，摸索出一套适合社区的建设标准：宝宝屋嵌入在社区现有的公共服务设施内，允许在低楼层，在安全、卫生、消防等方面完全参照幼儿园标准。[1] 在此基础上，依据周边居民的持续评估反馈，"宝宝屋"在服务内容上不断创新升级，陆续增加了还原家庭环境、培养幼儿实用技能等内容，并定期在宝宝屋开设科学育儿课程和邀请专家提供现场咨询，进一步提升了服务质量。[2] 针对收费问题，街道也召开了征询

[1] 唐烨：《"宝宝屋"呵护社区"一老一小"》，《解放日报》2022 年 11 月 22 日。
[2] 唐烨：《上海将打造 2.0 版"宝宝屋"》，《解放日报》2024 年 8 月 3 日。

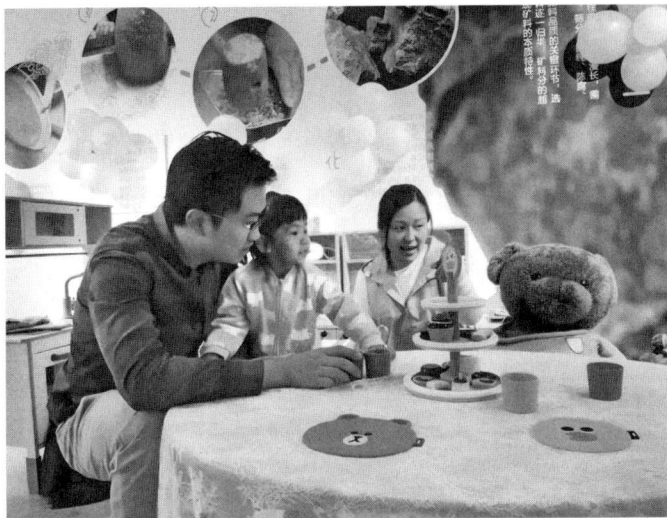

图 4-18　"宝宝屋"提供专业的育儿指导和亲子游戏环节

会议，听取家长意见。家长们普遍表示可以接受普惠性收费，认为这有助于保证项目品质和可持续性。这种通过协商确定的管理模式，既保障了公共资源的有效利用，又提升了居民的满意度。"宝宝屋"项目不仅在静安区取得了成功，还在全市范围内得到了推广。截至 2024 年 7 月底，全市 60% 的街镇设置了 240 家宝宝屋，提供约 2.5 万个托育名额。中心城区已实现每个街镇至少有一家"宝宝屋"，部分需求大的街镇设置了 3 到 5 家。各区逐步将"宝宝屋"预约纳入"随申办"平台，实现一键预约，进一步提升了服务的便捷性。[1] 通过广泛调研、多方协商、创新升级和规范管理，这一项目不仅有效解决了幼儿的托育难题，还提升了相关公共服务的精细化水平，体现了基层协商民主治理在民心工程中的重要意义。

（三）价值与意义：民主与民生的深度融合

上海市民心工程的制定、实施与评估都全面贯彻了全过程人民民

---

[1]　黄晓慧：《社区宝宝屋缓解托育难》，《人民日报》2024 年 10 月 28 日。

主的理念，具有重要的意义与价值。首先，民心工程采取需求驱动的治理议程，实现了从"政府主导"到"民意定义"的转型。民生实事项目与民心工程的本质在于将群众需求置于治理议程的核心位置，且并非针对单一矛盾或特定议题的短期应对，而是通过系统化、常态化的民意整合机制，将分散的群众诉求转化为年度治理清单，形成覆盖住房、医疗、教育、文化等全领域的普惠性公共服务供给体系。其独特性体现在三方面：其一，通过线上线下结合的民意征集平台（如社区议事会、数字化提案系统），形成全域覆盖的民情数据库，精准识别群众"急难愁盼"问题；其二，以需求集中度作为项目优先级排序依据，确保公共资源投向与群众关切高度契合；其三，建立动态更新机制，根据社会变迁与需求迭代灵活调整项目内容。例如，老龄化加剧背景下，适老化改造与社区养老设施建设被纳入重点工程；新能源汽车普及趋势下，充电桩布局成为民生清单的关键条目。[1] 这种"需求定义治理"的模式，不仅解决了传统治理中"政府端菜"导致的供需错位问题，更通过制度设计将群众意志固化为政策起点，彰显了全过程人民民主"民有所呼、政有所应"的核心价值。

其次，民心工程的深层意义在于将基层民主协商贯穿于项目的全生命周期，推动治理从"政府包办"向"多元共治"转型。民生工程通过从方案共议到过程共督，再到成效共评的闭环设计，构建了覆盖立项、实施、验收、运维的全链条参与机制。在方案设计阶段，多轮协商会与专家—居民联席讨论将专业理性与在地经验深度融合，确保政策既符合技术规范又贴近生活实际；在实施阶段，形成"政府主导＋群众盯办"的双重保障；在验收与运维阶段，第三方满意度测评

---

[1] 顾杰：《"看见"需求，实事才能更实更有感受度》，《解放日报》2025 年 1 月 24 日。

与动态反馈机制将群众获得感量化为核心绩效指标，倒逼政策持续优化。这种全周期参与不仅打破了传统公共服务供给中"政府干、群众看"的被动格局，更通过知识共享与责任共担，激活了群众的主体意识与治理能力。[1]其参与过程既是利益表达，更是治理能力的培育。民生工程由此成为"民主赋能治理、治理深化民主"的实践载体，实现了效能提升与制度创新的双向互促。

此外，民心工程的核心独特性在于其超越短期政策效应，在制度层面能够构建可持续的民生保障体系。不同于其他基层民主实践，民心工程以系统性、可持续的公共服务供给为目标，将民主协商的成果转化为可感知、可存续的民生福祉。[2]上海市的相关民心工程通过年度滚动更新和跨周期规划机制，确保民生项目既解决当下问题，又前瞻性应对未来挑战，避免"一次性工程"造成的资源浪费。同时，有关部门整合政府预算、社会资本、社区志愿者等多方资源，形成"需求牵引资源"的协同网络，增强治理系统的抗风险能力。例如，在加装电梯工程中，前期协商确定的资金分摊方案与后期运维基金管理制度相结合，既解决了当下安装难题，又通过长效资金池保障了后续维护。这种既谋一时更谋长远的治理逻辑，不仅提升了群众的即时获得感，更通过制度韧性构建了社会稳定的基石[3]，为超大城市应对人口结构变化、技术革新等复杂挑战提供了战略支撑。

在人口规模巨大、利益诉求多元的上海，一系列民心工程以民主

---

[1] 董树彬、何建春：《全过程人民民主赋能国家治理：现实可能、作用机理与实践路径》，《学习与实践》2022年第2期。

[2] 张明军、李天云：《民生民主：全过程人民民主深化发展的有效路径》，《行政论坛》2024年第5期。

[3] 董树彬、李芍霓：《以系统观念发展全过程人民民主的逻辑与进路》，《探索》2024年第5期。

协商的方式破解了超大城市治理困境，既避免"一刀切"政策引发的群体矛盾，又通过精准施策提升公共服务效能。每一项民生实事的落地，都是民主理念转化为治理效能的生动例证。民生实事项目与民心工程以需求定义治理议程、全周期民主嵌入、可持续福祉供给的三重意义，重新诠释了全过程人民民主在超大城市治理中的实践内涵。它们不仅是解决具体民生问题的政策工具，更是民主价值制度化、治理效能可视化的创新载体。这种探索既回应了"人民城市为人民"的时代命题，也表明了当基层民主深深扎根于民生土壤时，它便能生长出最具生命力的治理果实。

总体而言，上海市基层协商民主治理的工作经验可系统归纳为四大核心路径。其一，通过党建引领夯实基层协商民主治理的政治基础。通过强化基层党组织在协商治理中的引领作用，将党的政治优势转化为治理效能。以党建整合多方资源、统筹跨部门协作，确保协商方向与政策目标始终与国家战略和民生需求同频共振[1]，同时发挥党员在协商中的示范作用，增强群众对治理合法性与公信力的认同。其二，通过民意共识深化基层协商民主治理的群众参与。构建制度化的民意表达与整合机制，依托居民议事会、线上协商平台等多元渠道，分层分类收集并提炼不同群体的核心诉求，推动群众在基层治理中从"被动接受"向"主动共商"转变。[2]通过理性对话与利益平衡，将分散的个体意见转化为具有公共价值的共识，既提升决策的民主性与包容性，又增强群众在治理过程中的责任感与归属感。其三，通过协

---

[1] 马雪松、程凯：《中国式现代化道路视域下协商民主的制度建设及效能转化》，《社会科学研究》2023 年第 2 期。

[2] 马雪松、陈虎：《协商民主优化议程设置的内在机理与实践路径》，《理论与改革》2024 年第 2 期。

商机制塑造基层协商民主治理的制度创新。以动态反馈机制、跨层级协作框架和数字化工具为抓手，构建全链条协商程序，确保协商成果可落地、可追踪；借助智能技术优化信息共享与资源调配效率，破解传统治理中的信息孤岛与响应滞后问题，实现治理过程的精细化与敏捷化。其四，通过成果转化彰显基层协商民主治理的民生价值。上海市基层协商民主治理注重将协商共识转化为可量化的民生改善成果，通过建立政策执行效果评估与动态调整机制，确保治理成果切实回应群众关切，同时以民生获得感反哺治理体系，形成"需求识别—政策优化—效能提升"的良性循环。上述经验以党建引领为根本、民意共识为核心、机制创新为支撑、成果转化为导向，构建起多维联动的基层协商治理生态，既体现了"以人民为中心"的理念，也为超大城市治理现代化提供了兼具政治高度、民主深度与民生温度的系统性方案。

上海市基层协商民主治理的实际成效主要体现在四大维度。首先，通过构建民意嵌入机制，显著提升了政策的精准性与创新力。基层协商以制度化渠道将多元主体诉求纳入决策流程，借助民主协商的动态反馈机制，既确保政策与群众需求的深度契合，又通过利益相关方的观点碰撞激发创新方案，使政策兼具灵活性与适应性[1]，有效应对社会复杂性与不确定性。其次，以"共建共治共享"为核心理念，推动形成多元协同的城市治理共同体。政府、市场与社会通过协商平台实现权力与责任的再分配，以共识驱动跨领域、跨层级的合作，既强化社区内部凝聚力，又促进资源整合与行动协同[2]，使居民从被动

---

[1] 张等文、解秀丽：《基层协商民主制度优势转化为治理效能的过程机理与优化路径》，《学习与探索》2023 年第 7 期。

[2] 张贤明：《民主治理与协商治理：基层治理现代化之道》，《行政论坛》2023 年第 1 期。

接受者转变为主动参与者，形成社会治理的可持续内生动力。再次，依托民主协商优化资源配置，系统性保障社会公平正义。通过建立公开透明的资源分配协商程序，打破信息壁垒与权力垄断，确保弱势群体诉求在决策中得到充分表达与回应，同时借助动态调整机制减少资源错配，将公平正义内化为治理实践的核心逻辑。[1]最后，基层协商机制通过常态化社会动员与信任积累，大幅增强城市治理韧性。日常协商形成的协作网络与公民责任感的建立，在应急事件中转化为快速响应的组织能力[2]，政府与社区通过信息共享、资源调配与志愿协作实现高效联动，推动危机管理向长效治理转化。总体而言，上海市基层协商民主治理通过制度化的民主程序，实现了政策精准性、治理协同性、资源公平性与系统韧性的有机统一，为其他城市提供了宝贵的经验和借鉴。

新时代背景下，上海市积极推进基层协商民主治理实践，成果丰硕、意义非凡，为其他城市提供了极具价值的借鉴蓝本。作为中国共产党的诞生地，上海的基层协商民主治理传承了红色基因，蕴含着革命先烈的精神财富。基层协商民主治理继承发扬了党的群众路线，鼓励群众参与社区事务决策，深入基层了解群众需求，解决实际问题，尊重人民主体地位，保持了党同人民群众的血肉联系，也成为培养新一代青年干部与群众深厚感情的纽带。[3]面对新时代社会发展的挑战，传统管理方式难以满足需求，上海作为全过程人民民主重要论述的首

---

[1] 董树、崔楠：《全过程人民民主赋能基层治理现代化的优势与路径》，《学习与实践》2025年第1期。

[2] 吴佳忆、陈水生：《城市韧性治理的理论意蕴与构建路径》，《上海行政学院学报》2023年第6期。

[3] 陈方南：《习近平关于社会主义协商民主重要论述的原创性贡献》，《理论探讨》2022年第6期。

次提出地，通过建立规则流程，将民主协商融入城市建设各领域，注重协商结果应用，让民主成为生活方式，增强了人民的获得感。在全球化背景下，基层协商民主治理对提升上海这个国际化大都市的软实力作用显著，不仅为上海塑造了开放包容的城市形象，增强居民归属感和城市吸引力，还促进了跨文化交流与合作。上海的基层协商民主治理作为独特的民主实践，展示了文化自信，为全球城市提供了经验借鉴。

第五章

技术赋能：让民主彰显治理效能

习近平总书记指出："运用大数据、云计算、区块链、人工智能等前沿技术推动城市管理手段、管理模式、管理理念创新，从数字化到智能化再到智慧化，让城市更聪明一些、更智慧一些，是推动城市治理体系和治理能力现代化的必由之路，前景广阔。"[1] 在数字浪潮汹涌澎湃的今天，上海以锐意创新的姿态，将技术力量深深融入全过程人民民主的广阔天地，书写出民主新篇章。上海市在技术赋能全过程人民民主方面经历了从初步探索到深化应用的阶段。初期，主要通过引入信息技术手段提升民主参与的便捷性和效率，如建立线上意见征集平台。随着技术的发展，上海市逐步向智能化、数据化转型，提高决策的科学性和精准度。在这一进程中，上海市充分利用现代科技的强大力量，特别是大数据、云计算、区块链、人工智能等前沿数字技术，为全过程人民民主的发展提供了坚实的技术支撑和广阔的创新可能。

上海作为先行探索者，其一系列实践为我们展现了技术赋能全过程人民民主的生动图景。"12345"市民服务热线以全程跟踪确保办理透明，用评价反馈实现持续优化，让市民在使用热线的过程中，逐渐养成民主参与习惯，提升民主素养。"一网通办"与"一网统管"协同发力，实现"一件事一次办"，打破数据壁垒，基于数据汇聚、治理

---

[1]《习近平关于城市工作论述摘编》，中央文献出版社 2023 年版，第 114—115 页。

和应用进行民主决策，在服务类型、平台、效率和流程等方面全面提升，保障市民民主权利。"社区通"等基层数字平台以多功能且易操作的线上治理平台激发居民自治热情，促进多方沟通协作，推动成果共享，使居民切实感受民主力量。"云上民主"创新民主形式，突破时空限制，为市民参与民主决策、管理和监督提供便利。

从最初的技术初探到如今的全方位融入，技术赋能全过程人民民主的发展历程记录着上海在中国特色社会主义民主道路上的不懈探索与卓越成就。在这场变革中，科技引领着民主实践走向更加高效的新境界。未来，可进一步探索深化这些成果，拓展技术应用，推动全过程人民民主不断完善，为社会治理注入强劲动力，更好地满足人民对美好生活的追求。

一、"12345"热线：打造服务群众的"总客服"

（一）发展之路：倾听市民呼声

在城市化进程加快的背景下，市民对公共服务的需求日益增长，传统的分散式服务模式已难以满足需求。为更好地服务广大市民，进一步提升社会管理能力和水平，上海市政府于 2012 年 10 月 8 日开通上海市"12345"市民服务热线（以下简称"12345"热线）。初期，热线主要以接听市民咨询、投诉和建议为主，提供政策解答和问题转办服务。[1] 这一阶段的"12345"热线，为市民提供了一个便捷的反映问题渠道，也为政府了解民情、改进服务奠定了基础。

随着市民需求的多样化和复杂化，上海"12345"热线开始整合

---

[1]《关于印发〈上海市公安局关于做好"12345"市民服务热线工作的实施方案〉的通知》，上海市公安局网站，2012 年 9 月 28 日。

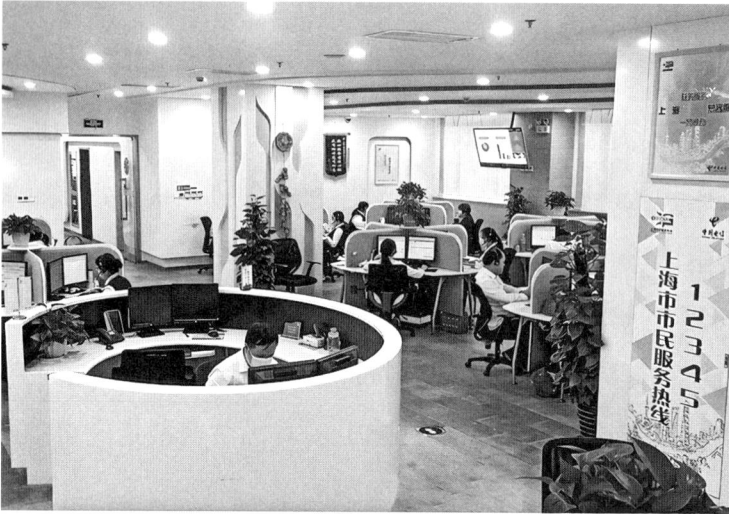

图 5-1　上海市"12345"市民服务热线

资源，将原先分散在各个部门的服务热线（如城管、环保、交通等）逐步整合到"12345"热线平台，实现"一号通"。这一举措不仅方便了市民，也提高了政府部门的协同效率。同时，热线的功能从单一的咨询投诉扩展到公共服务、民生保障、城市管理等多个领域，成为一个综合性服务平台。此外，信息化管理系统的引入，实现了工单的电子化流转和跟踪，显著提升了服务效率。

近年来，上海"12345"热线在数字化基础上不断创新，全面赋能城市治理。依托大数据、云计算等技术，热线构建了数据分析平台，能够对市民诉求进行精准分析和预测，为政府决策提供科学依据。[1] 同时，智能语音识别、AI 客服等技术的引入，进一步提高了热线接听效率和问题处理速度。此外，热线与各级政府部门、街道社区建立了联动机制，形成"接诉即办"的工作模式，确保市民诉求得到快速响应和解决。通过大数据分析市民诉求热点，热线不仅解决了市

---

[1]　王若宇：《上海 12345 热线：数字化转型中的城市治理新引擎》，新华网，2024 年 12 月 18 日。

民的"急难愁盼"问题，还为政府优化公共服务提供了有力支持。同时，热线开通了微信公众号、App等线上渠道，方便市民随时随地反映问题，进一步提升了服务便捷性。

上海"12345"市民服务热线自开通以来，经历了从单一服务到综合平台、从传统模式到数字化治理的不断升级，成为政府与市民之间的"连心桥"，其发展不仅反映了城市治理能力的提升，也展现了上海在公共服务领域的创新与探索。

（二）实践效果：全方位提升诉求解决

"12345"热线积极适应城市发展和市民需求的变化，通过数字化转型和深入挖掘热线数据，实现了服务的全面升级。作为上海市的公共服务平台，"12345"热线不仅快速响应市民的各类诉求，还通过智能化手段提升了服务质量和效率，实现高效回应市民海量需求，保障市民参与权利。为了更好地回应市民反映的利益诉求和及时发现与处置各类问题，上海市通过"12345"热线建立有效的倒逼机制，使政府机构和单位围绕市民反映的问题高效运转起来，实现"有诉必应、接诉即办"的高效处理机制，将"解决一件事"扩展到"解决一类事"。[1]

第一，"1515"限时督办与考核双轮驱动，夯实诉求解决时效根基。为保障民声畅达，"12345"热线制定了严格的限时办理规定，即"1515"原则。"1"指市民诉求受理转送后的1个工作日内，收到工单的单位要与来电人沟通确认事项；"5"指一般事项在5个工作日内办结；"15"指疑难事项在15个工作日内办结。[2]这一原

［1］彭勃：《打通民意直通大城市治理的渠道》，《文汇报》2024年11月12日。
［2］《关于印发〈2025年度广富林街道12345市民服务热线工作评估方案〉的通知》，上海市松江区人民政府，2025年1月23日。

则明确了办理时限，确保市民诉求能够得到及时处理。同时，"回访"作为热线服务流程中的重要环节，发挥着关键作用。热线通过设立"市民满意度""服务响应速度"等关键指标，建立了以市民真实满意度为基准的考核评价体系。该体系对承办单位的服务效能进行监督考核，促使承办单位积极响应老百姓诉求，不断提升工单办理质量。

第二，构建庞大线上"智治"系统，加速市民诉求转化为治理实效。为了更好地解决群众问题，"12345"热线着力建设了规模庞大的线上系统。该系统集纳了各类法律法规政策规章，涵盖经营主体、民生的各类事项办事流程与要点，以及全市法人单位的名称、可一键搜索的地图等丰富资料。借助这一系统，"12345"热线平台构建起"一站式"的高效运转体系，能够将热线传递的每一个市民诉求，迅速转化为决策方案和治理行动，实现快速反馈和有效改进。这一系统不仅提高了政府的工作效率，也极大增强了市民对公共治理中政府的信任度和满意度。据统计，热线每年受理 900 多万件市民诉求，五年累计

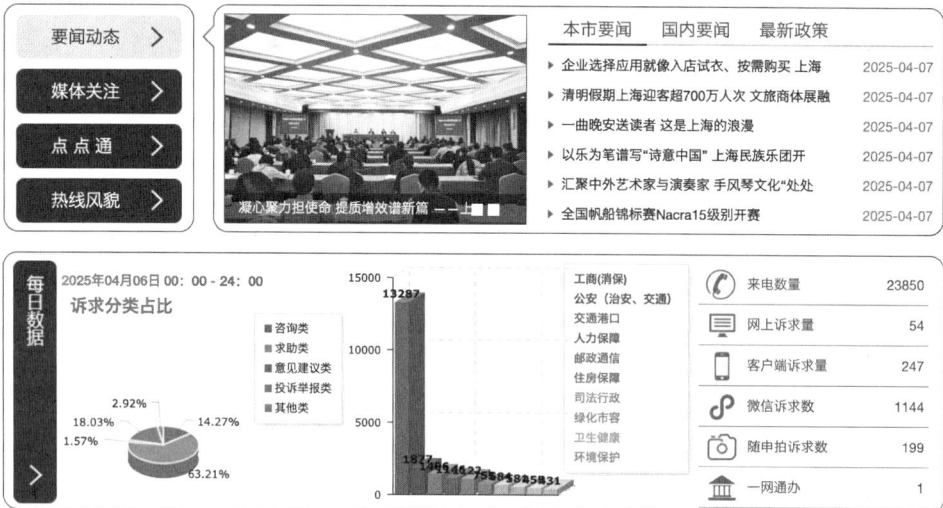

图 5-2　上海市"12345"市民服务热线平台

解决 4000 多万个问题[1]，切实提升了政府的响应速度和处理效率，保障了广大人民群众真实有效参与城市治理的应有权利。

第三，拓展多元服务渠道并融合前沿技术，全方位提升诉求处理品质。"12345"热线通过与上海国际服务门户网站、随申办、支付宝App 等平台的对接，不断拓宽服务渠道，实现了诉求的全方位受理，让市民可以更加便捷地表达诉求。此外，针对听障人士等特殊群体，热线特别开发了"多方手语视频通话"小程序，为特殊群体提供了专属的沟通方式，让他们也能感受到城市的温暖与关怀。同时，热线持续优化开放知识库"点点通"，赋能市民和企业自助查询政策信息，进一步提升了服务的便捷性和自助性。为进一步提升服务效能，热线还引入了分布式微服务、存储、云 GIS 应用服务，以及大数据、云计算、人工智能等新技术新算法，加强对市民、企业诉求的流程监控和质量监管，并引入热力图等工具，更直观地展现民情民意及态势研判，为城市治理提供更精准的数据支持。

（三）效能保障：闭环流程赋能高效民主

在提升城市治理能力与公共服务水平的进程中，"12345"热线始终秉持"以人民为中心"的理念，致力于高效解决市民问题，成为畅通市民诉求、促进政府与市民互动的重要平台。上海市"12345"热线的运行是一个高效、协同、闭环的过程，依托数字化技术和多部门联动机制，确保市民诉求得到快速响应和有效解决。其运行机理可以概括为以下几个关键环节。

一是通过多渠道受理为市民诉求提供便捷入口。"12345"热线通过多种接入方式，确保市民能够便捷、多样地表达诉求。市民可以通

---

[1] 郭振丹：《当好"连心线"牵好"智慧线"》，《解放日报》2024 年 7 月 2 日。

过电话、微信公众号、App、网站等多种渠道反映问题[1]，这种多渠道的设计不仅提高了市民的参与度，还满足了不同年龄段、不同技术使用习惯市民的需求。例如老年人可能更倾向于通过电话反映问题，而年轻人则更习惯使用微信公众号或 App 提交诉求。此外，热线提供 7×24 小时的全天候服务，确保市民在任何时间、任何地点都能获得帮助。无论是深夜的紧急求助，还是节假日的突发问题，市民都可以通过热线得到及时响应。这种全天候的服务模式，不仅提升了市民的满意度，还增强了政府服务的覆盖面和响应能力。

二是通过智能分派精准对接责任部门。"12345"热线运用自然语言处理（NLP）技术，使系统能够自动识别市民诉求的内容和类别，大大提高了问题分类的准确性和效率。市民在电话中描述的问题，系统可以通过语音识别和语义分析，自动判断问题的类型，并生成相应的工单。随后根据问题类型和责任归属，系统将工单自动分派至相关职能部门或区级平台。这种智能分派机制，不仅减少了人工分派的时间成本，还避免了因人为判断错误导致的工单错派问题。例如，一个关于噪声污染的投诉，系统会自动将其分派至环保部门；而一个关于道路破损的投诉，则会分派至交通或城建部门。智能分派机制确保了问题能够快速流转到责任部门，大大缩短了问题处理的时间。同时，系统还能够根据历史数据和部门处理能力，动态调整分派策略，确保工单分配的合理性和高效性。

三是通过多部门联动协同处理与快速响应。"12345"热线与城管、环保、交通、住建等多个政府部门建立起协同机制，形成了"接诉即

---

[1] 上海市市级机关工作党委：《热知识！上海 12345 热线还有这些服务……》，上海市机关党建网，2024 年 12 月 23 日。

办"的工作模式。[1]多部门联动的机制确保了复杂问题能够得到快速、有效的解决。一个涉及多个部门的综合性问题，平台可以协调各部门共同处理，避免推诿扯皮现象。此外，热线还纵向贯通市、区、街道三级平台，一个街道层面的问题可以通过区级平台快速协调解决，而无需上升到市级层面，确保问题能够在最基层得到快速解决，不仅提高了问题处理的效率，还增强了基层治理的能力。对于突发事件或紧急问题，如在台风、暴雨等自然灾害发生时，热线启动快速响应机制，迅速协调相关部门，启动应急预案，确保第一时间处理，确保市民的生命财产安全。

四是通过全程可追踪形成透明化的问题处理流程。[2]"12345"热线的每个工单从受理到办结全程可追踪，市民可以通过平台实时查看处理进度，了解问题的处理状态。这种透明化的流程，不仅提高了政府工作的透明度，还增强了市民的信任感。根据问题类型，系统会设定相应的办结时限，确保问题在规定时间内得到解决。对于即将超时的工单，系统会自动发出预警，督促相关部门加快处理。全过程跟踪机制不仅确保了问题处理的时效性，还增强了部门的责任意识。通过实时监控和预警机制，热线能够有效避免工单积压和拖延现象，确保市民诉求得到及时响应。

五是利用评价反馈机制加强闭环管理与持续改进。问题办结后，市民可对处理结果进行满意度评价，通过平台对处理结果进行打分或留言，表达对服务的满意程度，形成闭环管理。对于不满意或未解决

---

[1]《上海市城市管理行政执法局关于规范"12345"、"12319"热线转派诉件处置工作的通知》，上海市城市管理行政执法局网站，2016年6月1日。

[2]王若宇：《上海12345热线：数字化转型中的城市治理新引擎》，新华网，2024年12月18日。

的诉求，热线会进行人工回访，确保问题得到彻底解决。此外，热线能够通过收集市民评价数据，客观分析政务服务短板，推动服务质量持续改进。[1]这种评价反馈和持续改进机制不仅提高了问题的解决率，还增强了市民的参与感和信任感，体现了全过程人民民主的全链条属性。

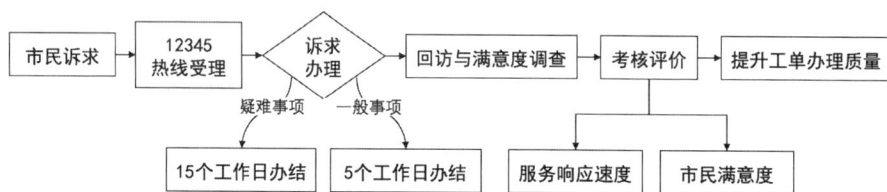

图 5-3　上海市"12345"市民服务热线运作流程

（四）素养培育：夯实优质民主的社会基础

在数字化时代，全过程人民民主的蓬勃发展离不开现代信息技术的有力支撑，构建全面、高效的民意表达与采集体系至关重要。"12345"热线作为民主参与的关键枢纽，借助技术赋能实现了民意的高效汇聚，在培育民众民主素养方面发挥着不可替代的作用，为全过程人民民主实践筑牢根基。

第一，"12345"热线显著降低了民主参与的门槛，拓宽了民主表达的渠道。在传统模式的束缚下，民众参与政治决策面临诸多阻碍。时间上，繁忙的生活节奏使人们难以抽出专门的时间参与公共事务讨论；空间上，地理位置的限制让偏远地区的民众难以有效参与；资源方面，信息获取的困难和参与途径的匮乏，进一步阻碍了民众参与民主决策的步伐。然而，数字技术的蓬勃发展，尤其是移动互联网的广泛普及，彻底打破了这些壁垒。如今，民众只需借助手机、电脑等设

[1]《关于南码头路街道 12345 市民服务热线工作的实施意见》，上海市浦东新区政府网，2024 年 11 月 6 日。

备，就能随时随地参与到政治生活之中。无论是在公交上、午休时，还是在家中，都能轻松地通过"12345"热线反映诉求、参与公共事务讨论，为政府决策提供参考。这种线上线下的无缝对接，让民主参与更加贴近民众的日常生活，使每一位市民都有机会成为民主进程的积极推动者，极大地拓展了民主参与的广度与深度。

第二，"12345"热线还为不同群体提供了平等的民主参与机会，促进社会公平与和谐。在社会中，不同群体由于经济状况、教育水平、社会地位等因素的差异，在民主参与方面存在着一定的差距。一些弱势群体可能因缺乏资源和渠道，难以有效地表达自己的诉求。而"12345"热线的出现，为这些群体搭建了一个平等的发声平台。无论是高收入者还是低收入者，无论是受过高等教育的人群还是教育程度较低的人群，都能通过这一热线反映问题。这种平等的参与机会，有助于缩小不同群体之间的民主参与差距，促进社会的公平与和谐。

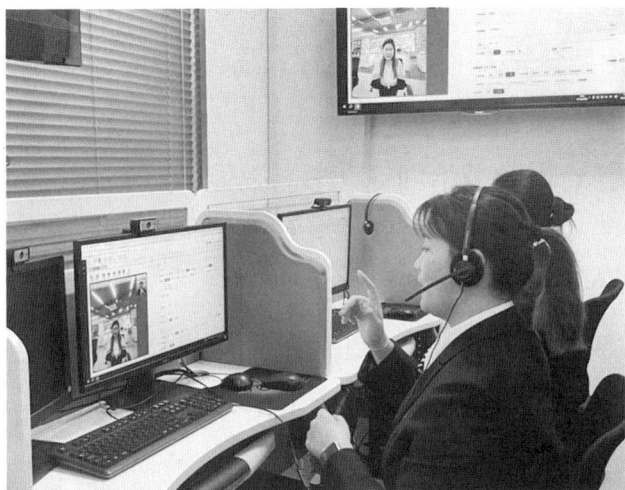

图 5-4　上海市"12345"市民服务热线手语视频服务

第三，"12345"热线推动了民主参与的常态化和习惯化。以往，民众参与民主决策可能只是偶尔为之，缺乏持续性。但"12345"热线的便捷性和高效性，使得民众能够频繁地参与到民主事务中。当民众发现身边的问题时，会自然而然地想到通过"12345"热线来反映，这种常态化的参与逐渐培养起民众的民主习惯。久而久之，民主参与不再是一种被动的行为，而是成为民众日常生活的一部分，成为他们自觉维护自身权益、参与社会治理的重要方式。

总之，"12345"热线的推广和使用，在培育公民意识和民主素养方面发挥着不可忽视的作用。随着热线收集的民众诉求和意见日益增多，这些丰富的数据成为政府决策的重要信息来源。更为重要的是，民众在使用热线表达诉求、参与协商解决问题的过程中，自身也得到了成长和锻炼。他们逐渐培养起关注公共事务的意识，积极主动地参与到社会治理中来。在不断的实践中，民众学会了如何正确表达自己的利益诉求，如何与他人进行有效的协商合作，以及如何通过合法途径解决问题。这种参与实践不仅提升了民众的民主素养，让他们更加深入地了解民主的运作机制，还增强了民众对民主制度的认同感和责任感，为整个社会的民主文化发展注入强大动力。

二、"两张网"：以智慧治理提升参与效能

（一）融合发展：从分散到互通

2018年是"一网通办"的起始之年，4月上海市发布《全面推进"一网通办"加快建设智慧政府工作方案》，随后上海市大数据中心正式成立，其核心任务是打破各部门间的数据壁垒，构建数据共享机制，为"一网通办"的后续发展奠定坚实的数据基础。7月1日，全流程一体化政务服务的"一网通办"平台开始进入试运行阶段，通过整合各类政务服务事项，初步实现了政务服务的集中化、线上化

办理，开启了一站式政务服务模式。11 月 1 日，《上海市公共数据和一网通办管理办法》正式施行，从制度层面为"一网通办"的规范运行和持续发展提供保障，明确了数据管理、业务协同等方面的规则。[1] 2019 年，上海市在"一网通办"的基础上率先开展"一网统管"建设，11 月习近平总书记在上海考察时强调，抓好"政务服务一网通办""城市运行一网统管"，坚持从群众需求和城市治理突出问题出发，把分散式信息系统整合起来，做到实战中管用、基层干部爱用、群众感到受用。自此，"两张网"建设成为上海推进超大城市精细化治理的新起点、新方向、新目标。

2020 年 10 月，新版"一网通办"总门户试运营，目标指向"两个免于提交"和"两转变"。[2] 通过技术创新和业务流程再造，努力实现申请人可免于提交能够通过数据共享获取的材料，以及能够通过电子证照库获取的证照批文。同时，推动政务服务从"以政府部门供给为中心"向"以用户需求为中心"转变，从"线下跑"向"网上办""掌上办"转变。"一网通办"平台通过技术创新和流程优化提高政务服务效率和群众满意度，既扩大了意见表达的范围，又为政府提供了海量的民意数据，政府可以基于大数据对居民关心的问题进行汇总、分析，及时了解居民诉求，不断改进和优化服务。

"一网统管"平台为人民群众提供了参与城市建设和管理的渠道，群众可以通过平台了解城市建设的进度，发现问题并反馈，参与到城市建设中。"一网通办"以"高效办成一件事"为目标，"一网统管"则以"高效处置一件事"为方向，"一件事"需要各个部门和机构打通

---

[1]《上海"一网通办"改革推进和成效等情况》，上海市人民政府新闻办公室网站，2021年 7 月 27 日。

[2] 唐奇云：《上海市"一网通办"总门户新版正式上线》，央广网，2021 年 1 月 14 日。

数据，形成跨层级、跨部门、跨区域协同联动。上海市通过搭建征集、筛选、报送等功能于一体的"两张网"数字化平台，成功整合了政务服务和城市管理功能，市民可以一站式办理事务，也为建议征集提供了便捷的渠道。借助"一网通办"大数据底座和"一网统管"派单系统，"两张网"的融合让应用场景打通数据流和业务流，实现从发现、派单、审核、审批、推送、确认到结案的全流程"不见面"闭环处置。

图 5-5　上海"两张网"赋能数字治理

（二）实践成果：多维度的服务提升

在数字化浪潮的席卷下，上海市积极投身"物联数联智联"的城市数字化转型进程，"一网通办"与"一网统管"这"两张网"成为城市治理数字化转型的核心驱动力。依托"云网端边安"一体化数据资源服务平台，上海构建起"一网通办"和"一网统管"相互交融、协同创新的全过程人民民主治理新格局，坚持问需于民、服务于民的宗旨，从多个维度实现了服务的全方位提升。

一是"两张网"服务类型的多样化。上海市民政局借助"一网通办"平台，全力推进社会救助"一件事"业务。过去，困难群众申请救助，需在多个部门间辗转，提交大量重复材料，流程烦琐复杂，还常因各种阻碍导致申请困难。如今，"一网通办"平台通过前端一口受理、后台并联处理、信息集成共享的创新模式，实现"一网办、一次办"。[1] 对于因家庭困难而羞于前往窗口申请补助的群众，"不见面"申请办理业务也为他们提供了便利，在家即可轻松提交申请，让困难群众更便捷地享受救助服务，切实感受到政府的关怀。上海市公安局也积极整合资源，将众多政务服务事项接入"一网通办"平台，涵盖公民身故、居住证办理、文明养犬等事务。同时，优化机动车报废注销业务流程，实现了在线申请、上门收车、注销证明在线开具，极大提升了群众的办事体验[2]，让群众感受到公安政务服务的便捷高效，

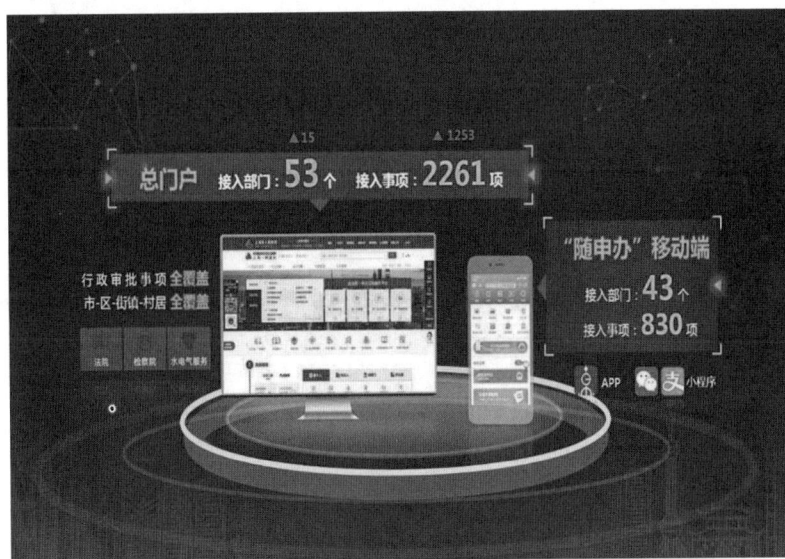

图 5-6 上海"一网通办"平台功能

---

[1]《上海市民政局等十部门关于印发〈社会救助"一件事"业务流程优化再造改革工作方案〉的通知》，上海市政府网，2021 年 8 月 20 日。

[2] 曾帆、施云娟：《深化"一网通办"提升行政效能，打造公安政务服务新亮点》，人民网，2024 年 2 月 4 日。

充分保障了群众参与社会事务管理的权利，促进了政府与民众之间的良性互动。

二是"两张网"服务平台的创新化。国网上海供电公司与区城运中心基于"一网统管"联合打造的"网格化管理一屏观供电"平台成效显著。该平台运用先进技术实现对电网运行的实时监控，居民可随时通过平台了解供电信息，发现问题能及时反馈监督。比如在夏季用电高峰，某小区居民通过平台反映电压不稳，供电部门迅速响应，排查抢修，保障了居民正常用电。[1]这种模式赋予居民在供电管理中的知情权与监督权，激发了居民参与城市公共服务管理的热情，有力推动了全过程人民民主在城市公共服务管理中的落实。

图 5-7　上海市城市网格化综合管理系统

三是"两张网"服务效率的迅速化。传统的民生问题处理模式中，人工分析耗时费力，且因数据和分析手段的局限，难以做到全面精准。如今，大数据、人工智能等技术的发展为智能分析提供了强大

[1] 杨育杰：《"一网"守护城市"心跳"，电网运行更加智慧》，上海市嘉定区人民政府新闻办公室网站，2024 年 11 月 8 日。

支持。智慧监督平台依托"两张网"集成各类民生数据，运用机器学习算法，实现对问题线索的精准推送和快速处置。以城市交通拥堵问题为例，智慧监督平台整合交通摄像头、导航软件等多渠道数据，分析拥堵路段、时间及原因，为交通管理部门提供精准决策依据，如增加警力疏导、调整信号灯时长等。同时，平台广泛收集居民意见建议，若居民反馈某条公交线路设置不合理，平台会纳入分析并调整处置预案。这一机制提高了政府部门的反应速度，确保问题解决的针对性和有效性，提升了民主实践的效率和精准度。

四是"两张网"服务流程的协同化。在城市治理中，许多问题涉及多个部门，以往部门间信息不畅、协同困难，导致问题解决效率低下。"两张网"为各部门提供了统一的信息共享和协同工作平台，促进了跨部门协同服务，打破了部门之间的壁垒。比如在老旧小区改造项目中，涉及住建、规划、城管、消防等多个部门。通过"两张网"，各部门可以实时共享信息，协同制定改造方案。从规划设计到施工监管，各部门紧密配合，避免了重复工作和互相推诿的现象。居民也可以通过平台了解改造进度，提出意见和建议，全程参与监督。这不仅提高了改造工作的效率和质量，也让居民切实感受到城市治理的整体性和连贯性，增强了居民对政府的信任。

"一网通办"和"一网统管"在上海市全过程人民民主的发展中发挥了不可替代的作用，通过丰富服务类型、开展网格化服务、进行数据智能分析以及促进跨部门协同服务，实现了多维度的服务提升，为城市治理和人民生活带来更多便利与福祉。

（三）运行机理：以数据要素赋能科学民主

数据作为数字时代的核心资源，通过赋能"两张网"进而重塑了上海市全过程人民民主的参与、决策和监督。市民在"一网通办"办理业务产生的数据，以及"一网统管"收集的城市运行状态数据，都成为宝贵的资源。这些数据经过分析处理，能精准体现市民需求和城市问题，使政府决策更加科学民主，公共服务供给更贴合民众实际需要。在数据驱动下，"两张网"不断优化服务流程、提升治理效能，激活城市民主动能。

第一，通过数据汇聚打破信息孤岛，夯实民主基础。数据是数字时代的基础性战略资源，是推进技术赋能全过程人民民主的重要基础。"两张网"通过数据汇聚，打破了部门壁垒和信息孤岛，实现了数据共享，为全过程人民民主奠定了坚实的数据基础。一方面，"一网通办"汇聚政务服务数据，打造全市统一的政务服务平台，实现政务服务事项"一网受理、只跑一次、一次办成"。市民只需登录"一网通办"平台，即可办理各类政务服务事项，无须再跑多个部门、重复提交材料，极大提升了办事效率和透明度。另一方面，"一网统管"汇聚城市运行数据，构建城市运行数字体征体系，实时感知城市运行状态，为科学决策提供数据支撑。[1]通过整合城市管理、公共服务、公共安全等领域的数据资源，"一网统管"平台能够实时监测城市运行态势，及时发现和处置城市运行中的问题，提升城市治理的科学化、精细化、智能化水平。

第二，通过数据治理保障数据安全，维护民主权利。数据安全是数字时代的重要议题，与保障人民民主权利密切相关。"两张网"高度重视数据安全，通过建立健全数据安全管理制度和技术防护体系，保障数据安全，维护人民民主权利。"一网通办"建立数据安全管理制度，加强数据分级分类保护，确保个人信息安全。平台采用数据加

[1] 魏其濛：《政务服务·从"群众跑腿"到"数据跑腿"》，《中国青年报》2019年5月22日。

图 5-8 上海市徐汇区城市运行管理中心

密、访问控制等技术手段，保障用户个人信息安全，防止数据泄露、滥用等问题的发生。"一网统管"构建数据安全防护体系，加强数据全生命周期安全管理，保障城市运行数据安全。平台采用数据脱敏、数据审计等技术手段，保障城市运行数据安全，防止数据被篡改、破坏等问题的发生。[1]数据安全与隐私保护机制不仅增强了市民对平台的信任感，还确保了平台的稳定运行。

第三，通过数据应用赋能民主参与，提升治理效能。数据应用是数据赋能的核心环节，是推进全过程人民民主的关键所在。"两张网"通过数据应用，赋能民主参与，提升治理效能，为全过程人民民主提供了有力支撑。"一网通办"提供多样化政务服务，方便市民随时随地

---

[1]《上海发布"一网统管"数据安全保障平台》，新华网，2021 年 11 月 21 日。

参与社会治理，提出意见建议。平台开设了"我要建议""我要投诉"等栏目，方便市民反映问题、提出建议，并建立了快速响应机制，及时回应市民诉求。"一网统管"构建智能化应用场景，提升城市治理科学化、精细化、智能化水平。平台开发了"城市大脑""智慧社区"等应用场景，利用大数据、人工智能等技术手段，提升城市治理效能，为市民提供更加便捷、高效、安全的城市服务。

（四）决策优化：厚植民主发展的科学根基

在社会治理现代化的宏大进程中，决策的科学性与精准性成为推动城市发展、提升治理效能的关键因素。上海市积极构建的"一网通办"和"一网统管"这"两张网"，以前所未有的创新模式和强大功能，深刻改变着城市治理的格局。它们不仅为政府提供了海量、精准的决策依据，还搭建起政府与群众沟通互动的桥梁，广泛吸纳民意。从优化政务服务流程到提升城市精细化管理水平，"两张网"在科学决策中发挥着不可替代的价值，为实现城市的可持续发展、提升人民群众的获得感和幸福感筑牢了坚实基础，是推动城市治理体系和治理能力现代化的重要支撑与关键力量。

第一，"两张网"降低民主成本，广泛收集民意。数字化民主参与平台的建立，打破了传统民主参与方式在时间和空间上的限制。以往，偏远地区或行动不便的民众往往难以有效参与到民主进程中来，但如今，他们只需通过数字平台，就能轻松表达自己的意见和建议，这极大地拓宽了民主参与的范围，增强了民主决策的广泛性和代表性。此外，降低民主参与成本是推进全过程人民民主过程中的重要目标。上海市致力于打造面向个人的数字服务体系，坚持人民主体地位，依托"一网通办"市民主页，为民众提供了从出生到养老的全生命周期数字生活服务体系，使其能够更加方便、快捷地享受到高质量的公共服务。[1]

第二，"两张网"扩大民主基础，缩小数字鸿沟。通过大力普及互联网和数字技术，上海市跨越了传统信息传播的障碍，显著降低了民主参与数字鸿沟，为更多民众提供了便捷参与民主进程的途径。以"一网通办"平台为例，这一创新性的政务服务举措在截至2024年10月的数据中展现出了非凡的成效：个人实名用户数量累计超过了8456.3万，法人用户也达到了394.2万的规模，充分证明了其广泛的受众基础。平台上接入的政务服务事项累计达到了3737项，累计办件量更是突破了5.78亿件，日均办事量高达41.96万件，全程网办率高达83.16%，这些数字不仅彰显了上海市政务服务的高效与便捷，也使其连续三年在全国范围内保持了领先地位。[2]

第三，"两张网"以信息公开为核心，提升民主过程的透明度，保障人民民主敏捷精准。技术赋能全过程人民民主，在传统民主实践

图5-9　上海市"一网通办"线下服务窗口

---

[1]　吴頔：《上海："一网通办"打造全周期服务》，《解放日报》2021年3月13日。

[2]　范彦萍：《上海：推动"一网通办"改革向纵深发展》，《青年报》2024年10月15日。

图 5-10　上海市"一网通办"政务公开平台

中，由于信息传递渠道有限，民众往往难以获取全面、准确的政策信息，在参与民主决策时缺乏足够的知识背景。信息公开是民主治理的基石，能够有效打破信息壁垒，消除信息不对称，从而增强民众对城市治理的信任感和归属感。上海市通过搭建"一网通办"和"一网统管"平台实现了信息的快速传递和广泛覆盖，改善了知识信息不对称的问题。"一网通办"开设了政策集成发布专栏，实现跨部门、跨层级、跨区域政策文件的线上集中展示，包括政策文件、公告通知、数据统计等。以 2023 年为例，上海市、区两级政府公报共公开文件和相关政策解读 1512 件，其中《上海市人民政府公报》全年发布 24 期，刊登了各类政府文件及政策解读数百余件[1]，这些举措极大地提升了政策信息的可及性和透明度。

第四，"两张网"以数据驱动为支撑，提高民主决策的科学性。

[1]《2023 年上海市政府信息公开工作年度报告》，上海市政府网，2024 年 3 月 29 日。

上海市通过"一网通办"和"一网统管"逐步构建一个以实时数据采集、流数据处理为核心的信息收集与分析体系，这一体系的建立标志着决策模式的深刻变革。实时数据采集与流数据处理技术能够即时捕捉社会经济的动态变化，包括交通流量、环境质量、公共服务需求等多个维度的实时数据。通过先进的算法模型进行数据的快速处理和分析，为政府提供了关于城市运行状态的全景式视图。近乎实时的数据分析能力，使得政府在应对突发事件、调整公共资源配置等方面能够迅速作出反应，有效提升了城市管理的效率和响应速度。同时，通过与网格化管理系统、公安系统等政府职能部门的智能对接，形成了"即时反应、线上线下联动、数据分析"的工作机制，这一机制不仅提高了政府工作的效率，也极大提升了全过程人民民主的有效性。

三、基层数字化平台：参与协作培育治理共同体

（一）发展过程：从试点到普及

2017 年，上海市宝山区率先推出一站式掌上社会治理云平台"社区通"，开启了基层治理数字化的创新探索。"社区通"等基层数字平台以移动终端应用为核心，依托互联网、物联网、智能终端及大数据等先进信息技术，让社区居民深度融入各类政府主导和居民自治的社区治理体系。自 2017 年 2 月正式运行以来，宝山区 462 个居委、103 个村委迅速全部上线，吸引了大量居民和家庭参与，为后续发展奠定了良好的用户基础。[1]

在最初运行的两年多时间里，"社区通"不断发展完善。在功能上，"社区通"集信息发布、协商议事、问题反馈等多种功能于一体。

---

[1] 刘湃：《上海宝山"社区通"破解乡村智慧治理》，中国新闻网，2019 年 6 月 30 日。

居民经微信扫码、实名认证即可轻松注册，不仅能自主发布议题，反映意见建议，还能参与到社区事务的协商讨论中。这期间，共有 11 万余名居民在"社区通"参与协商议事，产生公共议题 1.7 万余个，并成功转化成项目 2000 余个，解决居民提出的各类问题 4.8 万余个，其中 90% 在村居层面就得到了有效解决。

近年来，各类基层数字平台不断深化应用，在创新社区治理模式上持续发力。在治理体系上，各村居成为小治理单元，街镇构成大治理单元，全区形成完整工作系统。社区民警、物业公司、业委会、家庭医生、社区律师等都在平台拥有自己的板块，实现线上及时回应、线下及时解决，将优质服务送到百姓身边。[1] 同时，数字平台利用大数据技术进行深度分析，宝山"社区通治慧中心"建立大数据模型，实时发现社区治理中的痛点堵点，实现精准治理。[2] 通过对居民反映问题的大数据分析，能对热点问题归集排名，及时提醒责任单位解决

图 5-11 "社区通"平台运行情况

［1］ 周楠：《宝山"社区通"唤起居民参与热线》，《解放日报》2018 年 8 月 6 日。

［2］ 张璟：《建立"社区通"工作系统推进乡村智慧治理——上海市宝山区利用移动互联网创新乡村治理方式》，中国农村网，2019 年 7 月 24 日。

民生痛点。基层数字平台在践行全过程人民民主方面发挥重要作用，通过保障居民的参与权、知情权、表达权和监督权，推动社区治理更加民主、科学。

（二）实践范例：多议题的社区共治

在全过程人民民主的生动实践中，社区治理作为基层民主的重要领域，承载着人民群众对美好生活的向往。基层数字平台搭建起居民与社区管理者之间沟通的桥梁，让社区事务从决策到执行都更加透明、高效。凭借创新的理念与便捷的功能，上海基层数字平台成为提升民主效能、促进居民自治的有力工具，孕育出诸多极具示范意义的实践案例。

在上海市宝山区宝山三村，幼儿园周边道路人车分离问题成为居民关注的焦点。随着城市化进程的加快，城市交通拥堵问题日益凸显，尤其是学校、幼儿园周边，上下学时段人车混行，存在较大的安全隐患。年轻人作为"社区通"的活跃用户群体，在平台上积极建言献策。他们提出增设步道，实现人车分离的方案，引起了社区管理者的高度重视。社区通过"社区通"进一步收集居民意见，与相关部门沟通协调，最终推动了该方案的实施。如今，幼儿园周边增设了安全步道，孩子们上下学更加安全，家长们也更加放心。这一案例充分体现了"社区通"在激发居民参与社区事务积极性，以及促进社区治理决策科学化方面的重要作用。

宝山区淞南十村小区的空地被部分居民用来种菜，既影响了小区的整体美观，还引发了邻里之间关于公共空间使用的矛盾。居委会在以往的工作中，多次与这些"菜农"沟通协调，但始终未能达成有效的解决方案，双方陷入长期拉锯。"社区通"的出现改变了这一局面，居委会借助"社区通"平台发起议题讨论，让居民们共同参与决策。

在讨论过程中，大家充分发表自己的看法，逐渐达成了初步共识。此后，在居委会的引导下，方案不断改进，最终实行划块认领制。居民们自愿认领种植区域，曾经杂乱的菜地摇身一变，成了美丽的花园。这一过程不仅解决了公共空间的合理利用问题，还增强了居民之间的互动与合作，提升了社区的凝聚力。[1]

图 5-12　淞南十村开展乱种菜专项整治行动

交通出行是居民生活中的重要问题。随着居民数量的不断增加，上海市公交线路的不合理问题逐渐暴露出来。居民在"社区通"上纷纷反映出行不便，希望能够优化公交线路。宝山"社区通治慧中心"利用大数据技术，对居民反映的问题进行深度分析。通过对居民反馈数据的归集排名，精准定位到公交线路不合理这一民生痛点。相关部门根据数据分析结果，积极与公交公司沟通协调，优化了多条公交线路。新的公交线路覆盖范围更广，站点设置更加合理，有效解决了居

[1]　李泓冰、励漪：《上海宝山区用好一站式掌上云平台——"社区通"助力基层治理》，《人民日报》2019 年 7 月 28 日。

民的出行难题,提升了居民的生活质量。[1]

从解决社区环境问题到改善交通出行条件,从促进居民参与社区事务决策到提升社区治理的精准度和效率,基层数字平台为上海的社区治理注入了新的活力,为全过程人民民主在社区的实践开辟了新路径。

(三)运行逻辑:以平台机制赋能协同民主

共治共享是社会治理的核心要义,是提升城市治理效能的关键所在。共治共享与全过程人民民主存在着紧密且深刻的内在联系,二者都致力于实现人民的福祉。基层数字平台以共治共享为理念,通过数字化平台打破了传统民主的时空限制,实现了全过程人民民主的多元化参与、智能化管理和精准化服务。

第一,基层数字平台具有多功能、易操作的平台架构。例如"社区通"以移动终端应用为核心搭建了一个综合性的线上服务平台,平

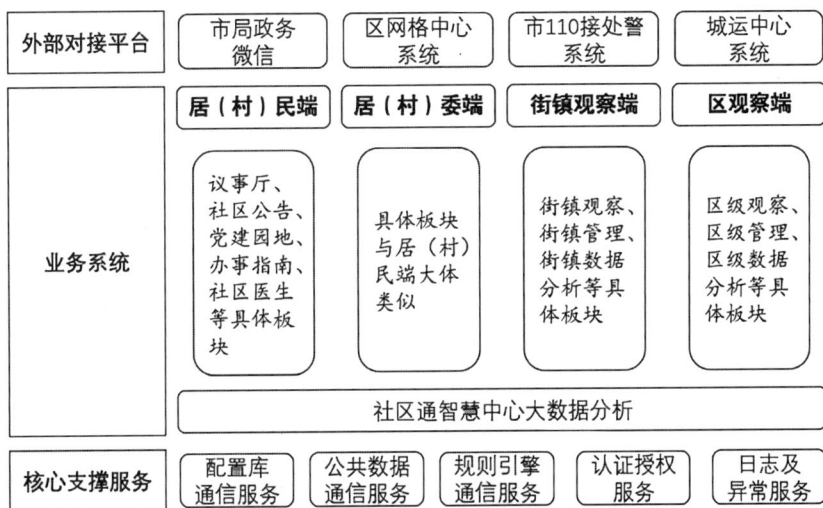

图 5-13 "社区通"平台架构

---

[1] 俞祖成:《基于数字技术的全过程人民民主基层实践——以上海市宝山区"社区通"为例》,《中央社会主义学院学报》2024 年第 6 期。

台具备多维度功能模块，涵盖信息发布、事务协商、问题反馈、便民服务等多个方面。在信息发布模块，社区管理者能够及时向居民推送社区动态、政策法规、活动通知等内容，确保居民第一时间了解社区事务。如社区的环境整治计划、公共设施建设项目进度等信息，都能通过平台精准传达给每一位居民。事务协商模块则为居民提供了参与社区事务讨论的空间，居民可以就社区热点问题发表自己的看法和建议，形成线上的民主协商氛围。

第二，基层数字平台通过居民参与机制激发自治活力。数字治理平台打破了传统社区治理中居民参与的壁垒，构建了便捷高效的民主参与机制。居民通过微信扫码、实名认证即可轻松注册登录，操作简便，降低了参与门槛。在日常社区事务处理中，居民不仅能自主发布议题，反映生活中的问题和意见，还能参与到其他议题的讨论与决策过程中。居委会可以借助线上平台发起议题讨论，居民们围绕关心关切的问题各抒己见，最终达成共识。从问题提出到解决方案的确定，居民的声音得到充分尊重，极大地激发了居民参与社区自治的积极性和主动性。

第三，基层数字平台通过数据流转机制实现精准治理。数据在数字平台的运行中发挥着关键作用，线上平台可以形成一套完整的数据流转与运用体系。[1]一方面，居民在平台上的各类行为数据，如发布的议题、参与讨论的内容、反馈的问题等，都会被实时收集和整理。通过大数据分析技术对这些数据进行深度挖掘，能够呈现出社区治理中的热点问题、居民需求的分布特征以及社区事务处理的效率和效果等信息。另一方面，数据分析结果又能反哺社区治理决策，实现社区

---

[1] 俞祖成：《基于数字技术的全过程人民民主基层实践——以上海市宝山区"社区通"为例》，《中央社会主义学院学报》2024年第6期。

治理的精准化。相关部门根据数据提供的决策依据，制定针对性的治理措施，提高社区治理的效率和质量。

第四，基层数字平台通过部门协同机制提升治理效能。基层数字平台构建了高效的部门协同机制，打破了部门之间的信息壁垒和职责界限。在社区治理中，往往涉及多个部门和主体，如居委会、物业公司、业委会、社区民警等，平台为这些部门和主体提供了统一的工作平台，每个部门和主体在平台上都有自己的专属板块，实现信息共享和协同工作。当居民在平台上反馈问题时，相关部门能够及时收到信息并协同处理。以"社区通"为例，在社区问题的处理中，居民在平台上发帖后，社区党总支书记第一时间回复并联动城管、物业等相关部门，迅速展开调查处理，迅速就能对焦问题、解决问题。这种快速响应和协同处理机制，有效提升了社区治理的效能，让居民切实感受到社区治理的高效与便捷。

（四）成果巩固：实现共治共享的民主追求

党的二十大报告指出，要"完善社会治理体系，健全共建共治共享的社会治理制度，提升社会治理效能"。社区是社会治理的基本单元，是党和政府联系群众、服务群众的"最后一公里"。上海作为发展全过程人民民主的排头兵和先行者，始终坚持"以人民为中心"的发展思想，通过打造以多元主体为用户的基层数字平台，积极探索共治共享的数字化民主转型，进一步巩固了全过程人民民主的发展成果。

第一，基层数字平台有效促进了社区治理主体间的沟通协作，推动了全过程人民民主的共治实践。社区治理涉及居委会、业委会、物业公司以及居民等多个主体，以往各主体之间存在信息壁垒和沟通不畅的问题，导致治理效率低下。基层数字平台作为一个信息共享和沟通的平台，各方可以在上面及时发布工作动态、反馈问题和需求。比如，当小区出现环境卫生问题时，居民可以通过"社区通"拍照上传，物业公司能够及时看到并安排人员进行清理，居委会也可以跟进监督，形成了一个高效的问题解决闭环。同时，"社区通"还为业委会的工作提供了透明化的平台，业委会的决策过程和财务收支情况等都可以在上面公开，接受居民的监督，增强了居民对业委会的信任。[1]这种多方协作的治理模式，实现了社区治理的协同共进，是全过程人民民主在基层的生动实践。

第二，基层数字平台推动了社区治理成果的共享，体现了全过程人民民主的根本目的。通过网络平台的有效运行，社区治理水平得到了显著提升，居民也切实享受到了治理成果，社区环境更加整洁优美，公共设施更加完善，邻里关系更加和谐，精神文化生活更加丰富，大大增强了居民的归属感和认同感。同时，基层数字平台还可以

图 5-14　基层数字平台推动社区治理

[1]　中共上海市宝山区委组织部：《宝山"社区通"构建互联网时代党建引领基层社会治理新模式》，《上海党史与党建》2020 年第 3 期。

关注到社区内的特殊群体，如老年人、残疾人等，通过发布关爱服务信息，为他们提供了更多的帮助和支持，让社区治理的成果惠及每一位居民。这种共享的理念，让居民在社区治理中感受到了实实在在的获得感，进一步彰显了全过程人民民主的优越性。

第三，基层数字平台为基层民主监督提供了有力保障，确保民主成果的巩固。在"社区通"平台上，居民可以对社区事务的办理情况进行监督和评价，对不合理的决策和行为提出意见。对于居民的监督意见，相关部门和组织必须及时回应和处理，公共部门工作的每一个环节都被置于严格的监督之下，任何违规行为都将无处遁形。这种全方位的监督模式，不仅增强了基层政府工作的透明度与公信力，更在无形中提升了民主实践的公平性与公正性，让民众对政府的信任与满意度不断攀升，维护了全过程人民民主的尊严和权威。

民主的决策和管理过程为共治共享创造了条件，而共治共享则是实现全过程人民民主的具体路径之一，只有通过多方协同治理，才能将民主参与落到实处。基层数字平台通过搭建参与桥梁、促进沟通协作、推动成果共享和强化民主监督，在践行全过程人民民主的共治共享方面发挥了重要作用，为基层治理注入了新的活力。

四、"云上民主"：数字支撑汇聚民智

（一）演进历程：从线下到云端

"云上民主"是指利用互联网、大数据、云计算等现代信息技术，推动民主参与和治理的数字化、智能化模式。"云上民主"是上海智慧城市建设的重要组成部分，也是现代城市治理创新的重要实践。通过线上平台和数字化工具，它拓宽了市民参与社会治理的渠道，增强政

图 5-15　上海市社区治理云平台

府与市民之间的互动，提升政府决策的透明度和科学性。

随着互联网技术的发展，上海市尝试利用数字化手段提升市民参与社会治理的便捷性。初期的主要实践包括通过政府网站、社交媒体等平台发布政策信息、征集市民意见。虽然市民参与的形式较为简单，但这一探索为后续发展奠定了基础。随着移动互联网的普及，上海市开始构建专门的线上民主参与平台，如"随申办"App、政府微信公众号等。这些平台不仅提供政策咨询、意见征集等功能，还支持在线投票和讨论。市民可以通过平台直接参与政策讨论、提出建议，政府则通过数据分析了解民意，形成双向互动。

近年来，上海市"云上民主"的实践进入深化阶段，引入大数据、人工智能等技术，例如"云上直播"以及"上海社区云"小程序的运用。此外，上海还鼓励人大代表、社会组织等多方主体共同推动民主数字化，例如数字人大建设[1]、社会组织提供"云场景"服务等，

---

[1]　王海燕：《过去一年市人大深入践行全过程人民民主重大理念，代表履职身影遍布上海各个角落》，《解放日报》2024 年 1 月 12 日。

为政府决策提供科学依据。2024年8月，上海市人大常委会党组通过《关于充分发挥人民代表大会重要制度载体作用助力打造全过程人民民主最佳实践地的意见》，其中提出要开展数字人大全方位赋能行动，进一步推动了上海市"云上民主"的发展。

"云上民主"所运用的智慧技术体现了科技创新对全过程人民民主的重要性。通过智能化服务、智能分析与数据驱动等多维度的"云裳"技术支撑，民主实践在普惠性、效率性和科学性等方面实现了质的飞跃。这种智慧赋能不仅优化了民主服务的供给方式，也重构了民生问题的解决路径，更为重要的是通过技术要素的价值挖掘为民主决策提供了坚实的科学支撑，彰显了技术创新对推进社会主义民主政治发展的战略价值。

（二）实践范例：多场景的民主探索

"云上民主"借助互联网、数字化技术等手段，突破传统民主参与在时间和空间上的限制，让民众能够更便捷、更广泛、更高效地参与民主决策、民主管理、民主监督等民主实践过程。"云上民主"在上海的实践是对新时代民主形式的积极探索和创新，生动展现了全过程人民民主的丰富内涵和显著优势，为城市治理体系和治理能力现代化注入了强大动力。

"上海社区云"是上海市推出的社会治理线上综合平台，集社区治理与公共服务于一体，为居民提供高效、便捷、智慧的社区服务。[1]居民通过"上海社区云"微信小程序，即可查阅到居委会发布的各类事项，如通知公告、活动报名、志愿者招募等信息。居委会既可以在社区云平台"议事厅"发布议事讨论主题，方便居民主动参与

---

[1]《关于印发〈"上海社区云"应用系统运营管理暂行办法〉的通知》，上海市政府网，2022年12月2日。

图 5-16 "上海社区云"小程序

社区治理；也可以通过这一平台收集民情民意，汇集民智民力，更好地开展社区治理。此外，工作人员可以借助"上海社区云"完成社区人群中特殊困难对象和"沉默的少数"的标识，针对重点人员、高龄独居老人、儿童关爱对象等群体，落实一人一档，记录走访情况，有针对性地解决实际困难，给予更多关爱帮扶。以上海市长宁区为例，截至 2023 年全区注册"上海社区云"的家庭数达 5.2 万余户，上云率达 20%。2023 年下半年，发布社区信息 8887 条，发布议题 393 个、活动 892 个、问卷 88 个。[1]

"民主直播间"也是云上民主的一生动体现。以上海市杨浦区四平路街道的品牌项目"人人直播间"为例，街道尝试"云上直播"形

---

[1] 闫漫：《"社区云"平台让长宁的社区治理迈上了智能化"赛道"》，"上海长宁"微信公众号，2023 年 5 月 12 日。

图 5-17 环同济·人人直播间现场

式，举办了"云听民意办实事"2024 年民生实事项目征集活动，各职能部门工作人员与热心居民、人大代表直播连线，共议实事项目，寓支持于监督之中，让社区居民、人大代表和职能部门在线上共话民生。2024 年 11 月首次直播就有千余人全程参与，直播活动中共提出 200 多条办法举措，点赞量达到 5 万次。此后，又有多场主题鲜明、内容丰富的直播上线，主题包括营造"最暖营商环境"、展现"社区云"等数字技术赋能基层治理的作用、普及电动自行车充电安全知识、解答各类法律问题等，让人们感受到城市更新所带来的巨大变化。"人人直播间"自开播以来直播观看人数近 4 万人，评论数 2 万余条，点赞量超 100 万。[1]

---

[1] 上海市杨浦区人民政府：《从"人人议事厅"到"人人直播间" 积极探索全过程人民民主基层实践》，上海市杨浦区政府网，2024 年 11 月 21 日。

上海市推进数字人大建设的积极探索也充分体现了"云上人大"的数字化转型。上海市大力建设人大工作一屏纵览、人大业务一网通办、人大履职一网贯通的数据驾驶舱，运用数字手段保障代表履职。以上海人大开发建设"换届选举云平台"为例，选民登记环节被纳入云平台，并将功能延伸至选举全过程，为选民参加选举创造便利。这一举措有利于最大限度提升选民参与度，共同推选出优秀的基层"当家人"。与此同时，推动开发可视化大屏，覆盖选举全过程，包括选区划分和名额分配、选民登记、代表候选人推荐协商和确定、投票选举、当选代表五个板块，工作人员可以直观了解全市 16 个区、215 个街镇（乡）的选举情况，实现选情"一屏纵览"，为选举工作机构加强选情研判、科学作出决策提供重要依据。[1]

此外，数字人大建设充分发挥"一码""一云""八在线"的功能作用，进一步保障代表履职和市民参与。[2]具体来说，"一码"是指为每位人大代表生成唯一的二维码，方便代表履职和市民监督；"一云"是指为每位人大代表打造专属的"履职云"，记录和管理代表的履职信息；"八在线"则包括建议在线、联民在线、立法在线、监督在线、学习在线、积分在线等功能，全面提升代表履职的便利性和效率。上海数字人大的建设为人大代表和市民群众提供更加便捷、高效的服务，促进人大工作的公开化、民主化和规范化，是我国全过程人民民主的生动体现。

---

[1] 姚丽萍、张维炜：《上海人大：创建"云平台"让选举全过程更加可触可感》，中国人大网，2021 年 9 月 23 日。

[2] 祝越：《"码上约代表"，闵行区推出最新行动方案拓宽人大代表联系选民渠道》，文汇网，2023 年 4 月 7 日。

图 5-18　"上海人代会"App 界面

（三）运行机制：以数智技术赋能多元民主

在全过程人民民主发展与社会治理创新的进程中，上海积极探索"云上民主"实践，以创新举措推动民主建设与社会治理的深度融合，取得了显著成效。其具体运行机制如下：

一是推出市民友好的云上平台。"云上民主"的各类平台界面设计简洁明了，操作流程简单易懂，市民无需复杂的操作即可完成意见提交或参与讨论，能够便捷参与社会治理，降低了参与门槛。比如"社区云"小程序通过清晰的分类和引导，设置了社区动态、留言板、议事厅、社区活动、问卷调查、政策找人、邻里敲门等功能板块，帮助市民快速找到所需服务，做到足不出户尽晓"社区事"，无论是老年人还是年轻人都能轻松上手，减少了技术使用上的障碍。[1]

二是形成人大履职的数字化管理。以数字人大建设为例，每位代表都具有专属的"履职云"，记录和管理代表的履职信息，包括建议提交、会议参与、调研活动等。"履职云"将代表的履职数据整合到

---

[1]　王博：《这个微信小程序因何在虹储小区"走俏"?》，上海市长宁区政府网，2023 年 5 月 5 日。

一个统一的平台，便于代表自我管理和组织部门监督。利用大数据技术，对代表的履职数据进行分析，生成履职报告，为代表提供改进建议，提升履职质量。此外，人大云平台还设置了履职积分功能，每一次的履职活动，如提出具有建设性的建议、积极参与实地调研、主动线上接访选民等，都能根据活动的内容和效果匹配相应的积分。通过履职积分这一正向激励机制，可以充分激发代表的履职热情和动力，促进代表更积极主动参与到各项履职活动。

三是助力企业和社会组织更好地履行社会责任。"云上民主"提供的线上平台，打破时空限制，使企业和社会组织也能便捷参与公共事务讨论。在城市规划、产业政策制定等事务中，企业可通过平台发表专业见解，让政府决策更契合市场实际，为企业营造更有利的发展环境。企业可通过"云上民主"平台对政府服务、公共服务等进行监督评价，反馈问题和建议，促使政府改进工作、提高服务质量，优化营商环境。此外，政府通过"云上民主"平台及时发布政策信息、解读

图 5-19　上海市企业服务云平台

政策要点，企业能快速了解税收优惠、财政补贴、产业扶持等政策，把握发展机遇，还可通过平台申请相关资源支持。这解决了企业因信息滞后或获取渠道不畅而错过政策红利的问题，降低企业获取信息成本，助力企业发展。

"云上民主"不仅鼓励普通市民参与社会治理，还吸引了企业、社会组织等多方主体共同参与，形成了共建共治共享的治理格局。通过多方主体的共同参与，政府能够更全面地了解社会需求，推动治理模式的创新。市民可以通过平台反映问题、提出建议、参与政策讨论，落实人民当家作主的主人翁地位。人大代表能够充分发挥专业力量，为民主决策提供科学力量。企业和社会组织则可以通过平台参与公共事务的讨论和公共服务的提供。多元主体的参与机制不仅丰富了社会治理的主体，还增强了全过程人民民主的多样性和包容性。

（四）效能提升：深化民主参与的创新路径

"云上民主"作为数字时代全过程人民民主实践的创新模式，成为推动数智融合与民主发展深度契合的关键力量。数智技术的迅猛发展，为民主参与带来了更便捷、高效、广泛的途径，而"云上民主"正是顺应这一趋势的生动实践。以"云上民主"深化民主参与，不仅是提升民主质量和效率的必然选择，更是推动社会治理体系和治理能力现代化、实现全过程人民民主的重要路径。

第一，"云上民主"深化了民主与治理的融合。人民民主与政府治理的脱节是民主实践中的一大难题，由于信息传递不畅、决策过程不透明，公众往往难以有效参与政府治理过程，造成民主决策与政府执行之间存在时间差。上海市通过"云上民主"实现了民主与政府治理过程的深度融合。一方面，通过政务公开、数据共享等措施，增强了政府决策的透明度和可预测性；另一方面，通过搭建数字平台实现了政府与公众的实时互动和反馈，政府能够更准确地了解民众的真实需求与期望，从而制定出更加符合实际、贴近民生的政策。

第二，"云上民主"形式促进了民主服务的个性化。多样化形式的智能化服务是现代科技与社会治理深度融合的产物，是提升民主参与普惠性的重要支撑。在数字化时代，人工智能、大数据等先进技术为民主服务的创新提供了无限可能。个性化服务模式不仅提升了效率，更在无形中拓宽了民主参与的广度与深度，增强了民主实践的包容性和多样性。例如，针对老年群体，可通过简化操作界面、增加语音引导等方式，让他们轻松参与民主讨论；对于年轻群体，则可以提供更多元化的互动形式，如线上投票、虚拟议事厅等，满足其追求新颖、高效的需求。如此"云上民主"真正做到了因人而异、精准服务。

第三，"云上民主"监督激发了民主参与的积极性。数字化工具重塑了民主监督的实践范式和效能维度，通过数字驾驶舱的系统集成、区块链技术的信任机制以及智能预警的前瞻布局，民主监督在可视化、可信度和前瞻性等方面实现了全方位提升。例如数字驾驶舱，通过数据集成与可视化技术的深度融合，将原本分散、孤立的监督信息汇聚成一幅清晰、系统的监督视图，为民主监督提供了前所未有的透明度与效率。[1] 此类"云工具"的创新应用不仅为民主监督带来了前所未有的透明度与效率，更重要的是，让民众能够直观、全面地了解公共事务的运行状况，极大地激发了民众参与民主监督的积极性。民众基于这些可视化的信息，能够更精准地发现问题，进而通过线上平台便捷地表达意见和建议，真正实现从"旁观者"到"参与者"的

---

[1] 顾一琼：《"数治"赋能"善治"，"数据驾驶舱"场景应用越来越丰沛》，《文汇报》2022年2月14日。

转变。

　　第四，"云上民主"流程加强了民主参与的效果。在民主参与过程中，由于缺乏有效的评估机制和反馈渠道，民众往往难以了解自己在民主决策中的实际作用和影响。为解决这一问题，上海市在"云上民主"的实现流程中建立了完善的民主参与效果监控和评估体系。一方面，引入智能监控设备、数据分析系统等先进手段，使得公众能够更直观地了解政府工作的进展以及民主参与的成效，从而增强了民众对政府的信任和支持。另一方面，利用大数据分析整合各环节产生的数据，通过线上平台定期发布民主实践报告、开展效能评估，向民众公开民主实践的成果和效果。随着民主参与效能感的提升，民众对民主实践的认同感和归属感不断加强，激发了民众持续参与民主的积极性。

第六章

打造全过程人民民主的最佳实践地

上海的实践探索丰富了全过程人民民主的制度体系和实践体系，提供了可借鉴的经验和模式。首先，上海通过搭建多种民意表达平台，例如人大代表"家站点"、政协协商民主平台等，打破民意传达的阻碍，实现了民意直通决策，提升了民主决策的科学性。其次，上海的"人民建议征集"等工作机制形成了从征集到落地的闭环，依托系统化、法治化、智能化等路径，成为城市治理的重要民主引擎。再次，上海在基层协商民主治理中，通过深化社区"三会"制度等举措，贴近人民生活，有效解决基层治理难题，提升了城市治理效能。最后，上海通过技术赋能为民主发展提供了新动力，拓展民主参与渠道，提升了民主的精准度和效率。总体来看，作为中国特色社会主义民主政治的重要实践样本，全过程人民民主在上海的深入推进，使得政府决策更加科学合理，能够更加精准地满足市民需求，推动城市的可持续发展。

一、全过程人民民主的实践特征

纵观整体，全过程人民民主在上海的实践呈现出多个鲜明的特征。首先，在制度建设层面，上海努力推进制度创新并强化制度协同，"人民建议征集"机制、"社区通"等拓展民主参与，基层立法联系点让法规更贴合实际，各民主制度协同保障居民参与。其次，在民生层面，上海聚焦住房、医疗、养老、生态等领域，围绕民众需求实施规划，使得民主与民生形成良性互动。再次，在治理融合层面，上海不仅在宏观规划上尊重市民主体地位，而且在微观社区治理过程中鼓励居民自治，尊重人民的首创精神，强化民主与治理的相互促进。最后，在技术应用层面，上海借助"随申办"App、"12345"市民服务热线等拓展民主参与渠道，提高决策的透明度和执行效率，保障民主制度实践的扎实推进。

（一）制度为先的发展动力

制度建设是民主发展的基石与保障，发展全过程人民民主要求有完整的制度程序，确保民主的各个环节有章可循。[1]上海在推进全过程人民民主的实践进程中，始终将制度建设置于关键位置，构建起较为系统化的民主制度体系，把民主的原则和理念转化为切实可行的实践路径，为民主发展持续注入强劲动力。

上海在制度建设方面的一大突出表现是持续推动制度创新，不断拓宽民主参与的广度与深度。作为全国首个成立省级人民建议征集专职机构的城市，上海的"人民建议征集"机制已贯彻到社会的各个角落，持续汇聚着群众的意见和建议。前文诸多上海城市发展与民生改善的案例表明，从城市交通拥堵治理的建言，到社区公共设施优化的提议，都依托这一制度，共同助力城市的繁荣进步。众多关乎民生改善、城市发展的群众建议借助该平台，转化为可行的政策举措。例如老旧小区加装电梯建议，正是通过人民建议征集的渠道推动相关政策落地，让众多居民告别"爬楼难"，极大提升了生活便利性。此外，"社区通"等民主参与平台，也为居民参与社区公共事务提供了便捷途径，在上海的民主实践中发挥着重要作用。这些制度之所以能够成

---

[1]　赵永红：《全过程人民民主：理论逻辑与制度路径》，《行政论坛》2022 年第 1 期。

功落地实施，得益于上海对制度保障和引领的高度重视，不断挖掘和开创人民群众意见表达的新方式。通过制度创新，居民的民主参与得到有效保障，民主理念切实转化为实际的治理参与行动。

另一方面，上海着力强化制度的系统性与协同性，努力贯通民主制度的完整环节。虹桥街道基层立法联系点是全国人大常委会法工委在上海设立的全国首个基层立法联系点，这表明上海在民主制度体系完善中的独特地位。随着立法联系点在上海基层的设立，上层和基层之间围绕法律法规、公共政策等方面的意见衔接有着稳定的沟通载体，政策法规的出台更加"接地气"。基层立法联系点就像是一座桥梁，紧密连接着基层群众与立法中枢，让普通老百姓得以在立法进程中充分发声。众多与民生福祉相关的法律法规，如《上海市养老服务条例》《上海市非机动车安全管理条例》等，在立法过程中都广泛吸纳了市民建议。正是借助"民意立法直通车"，上海将公众智慧融入从老年人照料细节到城市非机动车管理等各个方面，推动法规更符合实际需求，为城市建设的稳健发展筑牢基础。同时，上海注重各类民主制度之间的有机衔接与协同发力，从民主协商、民主决策，到民主管理与民主监督，各环节的民主制度协同运作、高效运转。通过这些民主制度实践，市民在城市发展和建设的各个环节中参与效能感不断提升，真切感受到民主参与给城市带来的温暖。

（二）民生导向的民主过程

民生问题是人民群众最关心、最直接、最现实的利益问题，是民主实践的核心议题所在。全过程人民民主的本质要求是实现人民当家作主，而民生福祉的增进恰恰是人民当家作主的重要体现。因此，只有将问题导向作为推动民主发展的关键动力，全力以赴解决人民群众"急难愁盼"的问题，才能深刻诠释民主制度模式的优势。这种以民生为导向的民主实践，不仅体现了民主模式的务实性，更彰显了民主模式的有效性。换言之，它打破了民主形式与实质内容相脱节的困境，使民主不再是空洞的政治口号，而是实实在在地改善人民生活的有力工具。由此，每一次民生问题的有效解决，都是对人民民主权利的一次生动实践和有力捍卫，有助于形成民主发展与民生改善之间的良性互动循环。[1] 上海将倾听民生诉求和解决民生问题作为民主发展更新的重要突破口，精准把握群众在住房、医疗、养老、生态等诸多方面面临的现实需求，以此推动民主的发展更新。

在住房这一关系民生的关键领域，民主始终是推动上海住房改善工作稳步前行的重要动力。长期以来，上海在制定住房政策时，始终坚持广泛征求群众意见，通过社区座谈会、网络意见征集等多样化的民主方式，深入了解居民对住房改善的实际需求。就拿老旧房屋改造工作来说，上海充分尊重居民意愿，积极引导居民深度参与改造方案的讨论与决策，从房屋规划、户型设计到配套设施建设等各个环节，都充分融入居民的想法。这种做法不仅极大地提升了居民参与城市建设的积极性，更重要的是，改造后的住房切实满足了居民的生活需求。居民在参与民生实践的过程中，切实感受到被尊重，见证自己的意见转化为实际的居住环境改善，真正实现"我的住房我做主"。在租赁住房体系建设方面，上海同样在不遗余力地推进居民的民主参与和民主决策。相关部门持续深入调研新市民、青年人等群体的住房诉求，并以此为依据构建多层次租赁住房供应体系，精准解决他们的居住难题。这一举措让这些群体在上海找到了归属感，切实享受到民主参与带来的居住福利。

---

[1] 林尚立：《民主与民生：人民民主的中国逻辑》，《北京大学学报》（哲学社会科学版）2012年第1期。

在公共服务领域，民主同样是推动公共服务均衡优质发展不可或缺的动力。上海在公共服务规划与实施过程中，充分践行民主的原则。首先，在养老服务方面，社区通过基层民主协商的方式，广泛收集老年人及其家属的想法，了解他们对养老模式、服务内容的期望。在此基础上，无论是社区"嵌入式"养老，还是居家养老模式，上海都在努力尊重不同群体的实际情况和个人偏好，为老年人打造熟悉且舒适的养老环境。在居家环境适老化改造中，上海还依据老年人的实际需求和反馈，通过诸如防滑地砖、无障碍扶手、智能安全设备的配备等细微之处的改造，尽可能给予老年人生活便利和人文关怀。其次，在医疗服务方面，上海通过民主流程优化医疗资源配置，推动城市发展的成果共享。基于扎实调研，决策部门深入了解民众的就医困难和需求，积极推动大医院专家号源下沉基层，提升社区医院服务能力，让民众在自己家门口就能享受到优质的医疗服务。最后，在生态保护方面，上海充分尊重民众的民主权利。从黄浦江、苏州河岸线改造的规划公示，到收集民众对生态空间利用的建议，让民众参与到城市生态环境改善的决策过程中，见证"工业锈带"转变为"生活秀带"，真实感受到民主对提升生活品质的积极影响。

（三）嵌入治理的融合优势

城市作为多元利益主体汇聚的复杂场域，其治理需要广泛且深度的公众参与。全过程人民民主恰恰搭建起这样一座桥梁，将不同阶层、不同诉求的市民紧密联结到城市发展的进程之中，为广大人民群众提供参与治理的机会，进而推动民主价值与治理实践的有机结合。[1] 从这一意义上说，上海巧妙地将全过程人民民主深度嵌入城

---

[1] 任中平：《全过程人民民主视角下基层民主与基层治理的发展走向》，《理论与改革》2022 年第 2 期。

市治理的各个环节，使全过程人民民主成为城市发展与建设的内生动力，展现出独特的融合优势。一方面，上海打破传统治理模式下决策层与民众之间的隔阂，让民众从城市发展的旁观者转变为深度参与者。无论是关乎城市规划布局的宏观战略，还是诸如社区环境改造这般的微观事务，民众的声音都能被精准捕捉并切实融入其中。另一方面，上海将全过程人民民主嵌入到城市治理当中，使得民主不再是孤立的政治概念，而是与城市的经济、社会、文化、生态等各个维度相互交融。这种融合打破了民主与治理的界限，让民主成为城市治理的重要支撑，治理为民主提供广阔舞台，二者相辅相成，推动城市有序发展。

其一，在宏观的城市发展与建设规划当中，民主参与体现在上海的诸多城市发展规划都充分尊重人民群众的主体地位，将人民群众的意愿和心声作为城市统一规划制定的重要来源。人民群众作为城市的主人翁，对城市如何发展有着较强的发言权。作为尊重人民群众主体地位的表现，上海在"十四五"规划编制期间，广开言路，全方位征集群众意见。线上，利用政务新媒体平台开启问卷调查，话题涵盖科技创新、产业升级、民生保障等诸多领域。在受到市级层面的广泛呼吁之后，市民们踊跃参与，各自结合自身的工作生活状况，为城市发展出谋划策。线下，上海有关部门也组织多场专题座谈会，邀请各行各业代表齐聚一堂：工人代表诉说技能提升与就业稳定的诉求；社区工作者反映老旧小区改造、社区服务优化的期望；科研人员畅谈前沿技术落地转化的设想。这些源自民间的智慧，经过系统整理和深入研究，被有机融入上海"十四五"规划的目标蓝图。通过较为深度的民主参与，上海的发展规划既高瞻远瞩又脚踏实地。

其二，在微观的城市社区治理中，上海尊重人民群众的首创精神，在生活实践当中充分发扬全过程人民民主。从理论上来看，人民群众是社区生活的直接参与者，他们对社区的问题与需求有着最为敏锐的洞察。上海积极搭建平台，鼓励居民自主发现并解决社区问题，避免外部力量干预破坏民主的一线实践。面对老旧小区加装电梯过程中的资金筹集、邻里意见协调等难题，在政府部门的统筹协调下，居民们自发组建志愿者团队，挨家挨户沟通协商，根据不同楼层住户需求制定合理的费用分摊方案。这一源自群众的智慧之举不仅破解了加装电梯的困局，更展现出人民首创精神的重要价值。同时，借助在社区层面设立居民议事会、业主委员会等自治组织，让居民深度参与社区事务决策。此外，从垃圾分类站点设置到社区公共空间利用，每一项公共政策议题的出台都较为充分地吸纳民意。广泛的民主实践，不仅提升了社区治理效能，更使得居民真切感受到当家作主的自豪，使社区成为凝聚民心、汇聚民力的温馨家园。[1]

（四）技术支撑的民主畅行

在民主向前发展、实践更新的过程中，数字技术的运用不应当仅仅被视为一种工具手段，而应该同时被看作一个政治和传播问题。数字技术具有强大的穿透性与连接性，能够打破传统民主实践中的时空壁垒。无论是浙江的"最多跑一次"[2]，还是贵州的"云上贵州"[3]，都是数字技术嵌入政府治理过程的深刻体现。顺应时代发展趋势，上海也积极应用数字技术赋能全过程人民民主实践，助推民主畅行。

一方面，在过程维度，上海运用数字技术拓展民主参与的空间，

---

[1] 汪仲启：《全过程人民民主与基层社会治理重构——以上海虹桥街道为对象》，《社会政策研究》2021年第4期。

[2] 郁建兴、高翔：《浙江省"最多跑一次"改革的基本经验与未来》，《浙江社会科学》2018年第4期。

[3] 周雅颂：《数字政府建设：现状、困境及对策——以"云上贵州"政务数据平台为例》，《云南行政学院学报》2019年第2期。

开辟多样化的民主参与渠道，激发民众的民主参与热情。借助市级层面推出的"随申办"App，市民只需要轻点指尖，就能轻松参与各类民意征集、政策讨论。在城市交通规划调整期间，相关部门也会积极通过"随申办"发布调查问卷，努力倾听来自社会一线的民意反馈，涵盖出行时间、拥堵路段、换乘需求等详细内容。除此之外，上海的"12345"市民服务热线借助数字化升级，将市民来电诉求进行有效分类，派单至对应部门，办理全程留痕，市民可随时查询。根据《2024年349个城市12345热线运行质量监测报告》，上海的"12345"热线运行质量在全国排名第二。值得一提的是，在重大民生项目决策前，上海还会通过网络直播听证，让民众如同置身现场，身临其境参与讨论，从项目可行性到潜在影响，全程发表自己的见解。这种数字化驱动的参与模式，不仅能够激发民众参与热情，更让民主贯穿城市治理全过程，切实保障人民当家作主从理念落地为生动实践。

另一方面，在结果维度，上海运用数字技术充分吸收人民群众的意见，提高民主决策的透明度和效率，助力民主运行提质增效。首先，运用数字技术搭建行动者沟通网络，提高决策民主化水平。上海搭建了多元且便捷的数字化民意收集平台，从政务App上的专项民意调查，到社交媒体平台的话题互动，广泛汇聚公众声音。在城市公园的规划建设过程中，上海借助大数据分析公众对公园功能、景观风格、休闲设施等方面的喜好，精准定位需求，为园林部门制定规划提供科学依据。基于此，能够改变往日凭经验决策的模式，让决策更贴合民心。其次，运用数字技术提高民主过程的透明度，让权力在阳光下运行。通过数字政务平台，实时公开政策制定、项目推进的每一个环节。诸如老旧小区改造等项目工程，居民可线上查看改造方案的拟定、资金使用明细、施工进度安排等内容，过程环节清晰呈现。人民群众的监督促使政府部门严谨行事，也让其增强对民主决策的信任，尽可能实现"阳光民主"。最后，运用数字技术推动政策执行的敏捷响应，助力政策高效执行。在上海垃圾分类政策推行中，智能监控设备实时监测各区域的分类情况，精准定位问题区域，及时调配人力、物力进行整改。同时，上海还利用物联网技术追踪整改成效，形成从民意收集、决策到执行、监督的闭环。这有助于保障民主运行的行稳致远，彰显了数字赋能上海全过程人民民主的成效。

二、全过程人民民主的目标定位

上海在推进全过程人民民主的进程中，有着清晰且多元的目标定位。首先，上海以维护社会公平正义为重要使命，在公共政策的制定与执行、公共资源的分配等方面，借助基层立法联系点、人民建议征集等制度，广泛吸纳民意，保障各阶层人民利益，提升人民群众对城市治理的支持度和满意度，让人民群众得以共享发展成果。其次，上海注重激发人民群众的主人翁意识，通过搭建多元沟通平台，鼓励市民参与城市公共事务，在增进市民间信任、培育社会资本的过程中，增强市民对城市的归属感和认同感，为现代治理构筑坚实社会基石。再次，面对城市发展中的矛盾，上海依托全过程人民民主，通过基层民主协商和纠纷调解制度，从源头和事后两个维度化解矛盾冲突，维护城市的和谐安定。最后，上海还通过全过程人民民主融合各方力量，在多元主体利益兼容和行动协同上发力，打破利益壁垒，促进各方在重大战略中同向而行，为城市发展注入强大动力。

（一）公平正义：提升城市治理的支持度与满意度

全过程人民民主是一种维护绝大多数人利益，充分保障人民基本权利的制度安排。[1] 全过程人民民主是社会主义民主发展到成熟阶段的产物，而社会主义的内在属性规定了全过程人民民主不是服务于少数群体或资本的，而是服务于全体人民。[2] 因此，上海以全过程人民民主作为城市工作的重要抓手，致力于维护社会基本公平正义，推动人民的利益得到自由表达和充分实现。进言之，依托全过程人民民主，上海努力推动城市的发展能够印刻着人民的足迹，保障社会基本的公平正义，让人民利益得到有效落实。

其一，坚持法律政策的出台来自人民，紧紧依靠人民，在公共政策的输入环节实现人民群众意见的公平对待、一视同仁。在立法层面，上海依靠基层立法联系点、人民建议征集等制度设计，广泛吸收群众的不同意见。民众围绕法规草案各抒己见，让法律在制定之初就充分体现公平正义。由此，平等对待企业主体、加强弱势群体权益保护等众多意见被融入法条，使法律真正成为维护公平的利器。在执法监督层面，人大代表、政协委员与市民携手，通过执法检查、专题询问等，确保权力在阳光下运行，防止执法不公、选择性执法等现象。在司法层面，通过人民陪审员、人民监督员等制度渠道实现人民群众在司法领域的深度参与，这有助于司法判决兼顾法理与情理，为公平正义兜底。在民意回应层面，上海坚持做到公平公正。每一条市民的意见，无论是来自繁华都市核心区，还是来自偏远郊区；无论是出自专家，还是普通百姓，都被视作同等重要的政策"拼图碎片"，进入严谨的梳理、分析流程。这种对人民群众意见的平等尊重与对待，有助于公共政策在诞生之初就充分彰显民意温度，为后续政策精准落

---

[1] 贾双跃：《迈向"新集体行动的逻辑"：全过程人民民主嵌入基层公共事务治理的内在机理与优化路径》，《政治学研究》2022年第6期。

[2] 张君：《全过程人民民主：新时代人民民主的新形态》，《政治学研究》2021年第4期。

地、有效执行奠定坚实根基。

其二，坚持发展成果惠及广大人民，紧紧牢记发展是为了人民，在公共资源的输出分配环节实现人民获益的群体兼顾、普惠共享。公共资源作为城市发展的红利承载，其分配的公平性与普惠性直接关系到城市的长治久安与人民的幸福安康。在住房保障、文化休闲设施建设、养老医疗、教育就业等诸多公共资源分配场景中，上海注重关注各阶层人民需求，精细规划、精准投放，切实提升人民群众的获得感和幸福感。具体来说，在资源分配上，上海将全过程人民民主融入城市治理现代化，着力解决群众宜居安居问题，着力提升公共服务均衡优质水平。[1] 由此，从公租房申请审核吸纳公众意见，到旧改项目补偿安置方案由居民票决，全过程人民民主保障分配公平，让发展成果普惠大众，为良法善治注入民主力量。应当说，上海努力用实际行动诠释着对人民的承诺，尽可能推动每一位市民能够在城市发展浪潮中"分到一块蛋糕"，共享发展成果，稳步迈向更加美好的生活。

（二）归属认同：构筑现代治理的社会基石

全过程人民民主是一种激发人民群众的主人翁意识，强化人民群众之间关系联结的公共交往机制。全过程人民民主坚持在人民群众的治理参与中塑造社会资本，促进人际互惠、信任等社会关系网络形成。[2] 在发展全过程人民民主的实践过程中，上海聚焦给予人民群众更加真实可感的民主体验，通过在多种渠道、多个领域增进人民群众对城市公共事务的参与，让人民群众在公共事务参与中增进彼此的信

---

[1] 中共上海市委：《奋力谱写新时代人民城市建设新画卷》，《人民日报》2024 年 11 月 1 日。

[2] 刘伟、李昊霖：《发展全过程人民民主：制度体系与治理效能》，《学习与探索》2024 年第 2 期。

任与依赖，自发形成对城市的关心和热爱。在"2024 最具幸福感城市"调查中，上海市的闵行区与黄浦区以及北京市的西城区和石景山区共同入选了"2024 最具幸福感城区（直辖市辖区）"。这表明，上海通过全过程人民民主，努力推动市民从城市发展的旁观者变为参与者、创造者，在邻里互助和共同参与中不断积累社会资本，在人心凝聚中持续增强市民的归属感。

在增进市民间的信任、培育社会资本方面，上海精心搭建起多元且高效的沟通桥梁。借助基层立法联系点的实践平台，无论是关乎民生的物业管理条例修订，还是城市建设的规划法规制定，市民们结合自己的生活阅历、切身体会踊跃发言。不同社会群体代表坐到一起，分享各自在实际生活中遇到的问题，探讨法律规范的合理性与可行性。在你来我往的交流中，大家看到彼此为城市法治建设付出的努力。随着理解的加深，有助于人与人之间信任的升温，社会资本也随之点滴汇聚。2019 年，浙江省安吉县政协发布全国首个《政协协商工作规范》，为其他地区开展基层协商民主治理提供了经验借鉴。在此背景下，上海也行动起来，积极推动"协商于民、协商为民"专项活动深入社区，围绕邻里间的柴米油盐、衣食住行开展协商。由此，居民在制度化载体的引导下，就公共生活和公共服务建言献策，邻里间在相互协作中建立起较为深厚的情谊，信任根基愈发稳固。

在激发市民对城市的归属感与主人翁意识方面，上海将市民主体性全面融入城市的发展与治理的整体脉络。在城市公共基础设施建设项目中，上海并非简单由政府部门来承揽，而是注重市民需求与政府执行二者的有机结合。从一般性的道路修缮到大型公共场所的建设，上海通过多措并举事先获取市民的想法，操作性地将市民的意见融入具体规划设计当中。尤其在公共决策过程中，不同主体往往能够从自身的角度出发提出建议，而不是彼此意见之间的零和博弈。当融合多方面意见的公共政策形成，集思广益地将分散的想法融为一体，市民们的主体意识也能够不自觉形成。与此同时，志愿服务体系建设同样彰显归属感。在城市志愿服务工作中，居民们依据自身观察与了解，推举出热心肠、有担当的邻居，确保志愿者队伍真正扎根群众、服务群众。依托于志愿者们的奉献，在社区内部营造互助友爱的温暖氛围。居民们在其间深受感染，也可能会主动加入志愿服务行列，形成"人人为我，我为人人"的良好风尚。由此，归属感在互帮互助中愈发深沉，人心在民主参与中紧紧凝聚，铸就城市发展的强大内生动力。

（三）定分止争：建设和谐安定城市

作为人口规模巨大、各类矛盾风险交织的超大型城市，上海在自身发展过程中不可避免会在社会内部产生诸多矛盾。然而，在实现经济快速发展的同时，上海这座东方明珠反而创造了经济增长与社会稳定并存的奇迹。这离不开上海通过全过程人民民主，为促进城市和谐安定开辟了有效路径，将矛盾化解于基层、消弭于萌芽。概言之，上海在发展的过程中不可避免地面临诸多矛盾与挑战，而全过程人民民主则能够起到"润滑剂"和"解压阀"的作用，巧妙地化解矛盾，维系着城市的和谐安定。

一方面，基层民主协商机制促进主体间的沟通交流，为矛盾的源头化解创造条件。在上海的社区之中，"三会"制度能够为主体之间消除分歧、达成共识创造有利条件。例如，就社区公共空间改造这一棘手难题来看，听证会往往能够成为汇聚民意的前沿阵地。当居民们围坐在一起，退休老人希望能将空地建成健身休闲广场，以满足日常锻炼需求；年轻父母则往往提议打造儿童游乐区，给孩子们一个安全欢乐的成长空间；也可能会有居民提出预留部分区域作为社区花园，美化环境。尽管各方的观点和诉求有所差异，但是借助听证会上的充分碰撞，有助于彼此听取不同的意见，避免后续矛盾冲突。与此同时，依托协调会，在居委会联合规划部门、园林公司等多方力量的介入下，有助于寻找各方的利益平衡点。在后续的评议会，居民也往往能够认真监督施工进度与质量，随时提出意见，防范可能会产生的不满意现象。通过一系列民主协商流程，原本可能引发争执的项目得以顺利推进，社区邻里关系更加融洽，潜在矛盾被提前化解。此外，"社区云"平台等线上协商渠道也为基层民主注入新活力。借助数字技术载体，居民们突破时空限制，随时随地就社区绿化改造、公共设施增设等公共议题表达想法。

另一方面，纠纷调解制度通过事后的积极干预，有序化解主体之间的矛盾冲突。人民调解组织扎根基层，织就一张细密的调解网络。在老旧街区，假如有纠纷发生，人民调解员能迅速介入，凭借自身丰富的生活阅历与专业调解技巧发挥作用。具体来看，在民主制度运作下，人民调解员基于事情全貌，随后依据法律法规、公序良俗，组织双方尽可能达成一致。在调解员的耐心劝解下，矛盾双方往往能够握手言和，避免矛盾的进一步升级。这在节省司法资源的同时，有助于维系邻里和谐。与此同时，行业性、专业性调解组织在专业领域纠纷化解中也能够积极发挥作用。例如，在医患纠纷处理上，医疗专家、法律人士、心理咨询师组成的调解团队，依据专业知识精准剖析纠纷症结，给出相对合理的解决方案，让紧张的医患关系回归理性平和，为社会稳定消除隐患。此外，上海的各级工会组织也能够依托职工代表大会、厂务公开等民主制度，运用民主协商程序，让企业发展与职工利益在民主协商的轨道上共进互促。

（四）群策群力：汇聚城市治理的多方力量

中国是全球最大的发展中国家，而上海则是中国社会主义现代化建设的排头兵和先行者。如何协调各方的关系，集中各方注意力到发展生产力上来，避免相互掣肘、内部损耗就成为一个十分关键的议题。如此，就需要借助相应的治理体制和制度安排将各方的目标利益整合到一起，促使心往一处想、劲往一处使，形成群策群力、同心同向的良好局面。作为中国经济发展的重要引擎，上海在发展与建设的过程中通过全过程人民民主实践，在城市发展的各个层面展现出强大的整合与凝聚力量，有效释放了社会生产力，促进人民生活水平的不断提高。由此，全过程人民民主为上海的繁荣发展注入了源源不断的动力，也为中国式现代化建设提供了生动的实践样本。

在多元主体的利益兼容维度，全过程人民民主致力于打破利益藩篱，实现各方诉求的和谐共生。在宏观政策制定层面，面对经济发展与环境保护的双重任务，上海市委、市政府通过广泛调研、召开专家学者与公众代表座谈会等形式，探寻二者的平衡点。一方面，充分考虑企业发展需求，制定产业扶持政策，鼓励绿色创新，为企业转型提供技术、资金支持，保障其经济效益；另一方面，聆听环保组织、市民对生态质量提升的呼声，加大污染治理力度，规划城市绿地建设，确保市民享有优质环境权益。与此同时，在社会民生领域，上海同样尽量协调好不同群体的利益。在住房保障这一关键领域，上海一方面关注低收入群体对廉租房、共有产权房的刚性需求，保障其基本居住权；另一方面兼顾夹心层群体购房、租房压力，通过政策调控稳定房租、房价。此外，上海还努力满足改善型需求购房者对高品质住宅的向往。由此，不同收入阶层的利益在住房政策制定中都被考虑到。这种利益兼容贯穿于教育、医疗等不同公共服务领域，政府能够依据不同群体的期望与痛点，精准施策，让发展红利公平充分地惠及每一位市民，凝聚起广泛的社会共识。

在有关力量的行动协同维度，全过程人民民主构建起紧密高效的联动协作网络，促使各方同向发力。在部署重大战略过程中，党统筹政府、企业、社会组织与市民力量，确保步伐一致。以长三角一体化发展为例，党委协调上海各级政府部门打破行政壁垒，与周边城市协同规划交通、产业布局。本地企业发挥资金、技术优势，对外投资兴业，带动区域产业升级。社会组织紧跟步伐，开展跨区域公益活动、文化交流，增进民间认同感。市民积极响应，为外地游客提供热情服务，助力城市形象传播。与此同时，信息共享与沟通机制是促进行动协同的重要手段，上海构建起了多元信息交互渠道。以政务信息公开平台为例，其全方位涵盖城市规划、财政预算、重大项目招标等核心信息。民众借此洞察政府施政目标，企业依此决定投资方向，社会组织则从中探寻服务落点，形成各方在信息驱动下的行动自觉。由此，上海凭借相对完善的协同机制，打破信息不对称，让各方在全过程人民民主进程中互通有无，行动协同更为紧密，释放出更加强大的行动合力。

三、全过程人民民主实践的理论价值

作为党领导人民在政治文明探索方面的一个理论创新，全过程人民民主实践在理论层面具有重要价值，与西方民主形成鲜明对比。就民主底色来看，西方民主存在诸多弊端，在时间上呈现周期性，空间上存在狭隘性，且政治极化、执行低效、主体分裂、程序封闭、制度僵化等问题突出。与之不同的是，全过程人民民主展现出多方面的优势：在时间上，民主程序贯穿城市治理全周期；在空间上，民主触角延伸至城市各处；在内容上，民主制度聚焦民生难题，高效回应民生需求；在过程上，民主实践依托多元平台整合民意，保障人民各项权利；在形式上，民主模式根据不同情况灵活应变，持续完善制度体系。上述优势不仅彰显了全过程人民民主的独特魅力，更为民主发展提供了新的思路和方向，对于丰富民主的道路选择、推动社会进步具有深远意义。

（一）全域全周期的整体民主

从时间维度深入剖析西方民主模式，其民主制度呈现出鲜明的周期性选举特征。在这种模式下，民主选举本应是人民意志的重要体现形式，却逐渐演变成公众参与政治的主要甚至是唯一途径。每逢选举周期来临，西方社会便会进入一段短暂的政治活跃期，公众仿佛被无形的力量驱使，在投票开启时加入其中。然而，选举一旦结束，公众便迅速从政治舞台的"前台"退至"幕后"，在日常的政治决策与治理过程中被边缘化，难以真正参与到政策制定、执行与监督等关键环节。以美国中期选举为例，竞选期间候选人忙于拉票宣传，抛出诸多短期承诺，选民在铺天盖地的竞选广告影响下，关注的多是眼前利益。但选举过后，这些承诺大多无法兑现，公众对民主政治的掌控感缺失，政治参与深度极为有限。从空间维度审视，西方民主制度的狭隘性暴露无遗。在地域层面，选举过程受金钱和利益集团的深度操控，竞选资源高度集中于少数发达地区或特定阶层掌控的区域，广大偏远地区以及弱势群体聚居地在民主进程中被严重边缘化，难以充分享受民主权利。在议题范畴方面，选举往往聚焦于能吸引眼球、制造噱头的短期热点话题，而诸如基础设施建设、环境保护等关乎民生福祉和长远发展的重要议题，却因各方利益博弈和政策争吵被长期搁置。在有限的、被预设的狭窄议题范围内进行参与，民主的广度和深度均受到极大限制，难以真正实现民主的价值与意义。

与西方民主相较，我国的全过程人民民主展现出深度参与的显著优势，展现出对西方民主模式在时间与空间维度的超越。在时间维度，全过程人民民主贯穿城市治理全周期，从政策酝酿、制定到执行、监督，公众全程在场。在公共政策制定前，由有关部门广泛召集公众、社会组织、专家等各方主体进行协商。在政策执行阶段，公众代表与志愿者组成监督小组，实时掌握政策执行的进度和状况，确保政策执行切实符合公众期望。在政策反馈阶段，通过数字技术收集公众的意见，对公共政策进行及时的调整和改进。这种完整周期的民主参与，让民主扎根城市发展每寸土壤，公众成为城市真正主人，而非西方选举政治下的"匆匆过客"。在空间维度，中国城市将民主触角延伸至城市每个角落，例如基层立法联系点、"家站点"平台、人民建议征集办公室等多元平台构建起立体式民意收集网络。"家门口"一站式服务站集民意收集、政策咨询、纠纷调解等多功能于一体，居民不出社区就能反映问题，从社区绿化养护、停车位增设，到周边学校教育质量提升，事事有回音。在立法层面，基层立法联系点让人民深度参与国家、地方法规制定。以《上海市科学技术进步条例（修订草案）》为例，市人大常委会在国家实验室、科研企业、高等院校等30多家单位展开调研，广泛听取了120余家单位的意见和建议，与两院院士、一线科研人员、企业家等200余人进行座谈交流。[1] 由此，众多条文因民意的汇聚而更具实操性，民主参与跨越层级，实现从基层到高层的顺畅贯通，民主的空间壁垒被打破，让全民共享民主的硕果。

---

[1] 冀夏黎：《开放共享创新资源推动科技成果"转起来"》，《上海人大月刊》2024年第5期。

（二）聚焦民生的真实民主

纵观西方民主实践，政治极化现象已经成为其突出特征。展开来说，不同政党和政治派别往往局限于一党私利和意识形态的狭隘分歧，陷入激烈对抗，很少顾及公众福祉。以美国的政治生态为例，在民主的表象下，各类政策沦为民主党与共和党博弈的"战场"。政客们背离从政初衷，将反对异己视为积累政治资本的手段，导致美国国会山上的民生议案在无休止的争吵和拉扯中难产。竞选期间那些看似诱人的改善民生承诺，在选举结束后大多成为无法兑现的"空头支票"[1]，民众期望常常落空。与此同时，西方民主在执行环节也是深陷内耗困境。权力分散的制度设计虽然在初衷上是制衡权力，实际却造成行政、立法、司法等部门相互掣肘，官僚主义盛行。这一弊端在基础设施建设领域得到深刻体现，一项普通的建设计划从立项到开工，需历经烦琐的层层审批流程。在此期间，各利益集团为谋取自身狭隘利益也会加以干预，进一步延误集体行动。在这种情况下，交通拥堵、公共设施陈旧等民生难题长期得不到有效缓解，民众生活质量提升受限。西方民主实践中的这些问题，深刻反映出其在制度运行和价值实现方面存在的深层次矛盾与困境。

不同于西方民主，中国的全过程人民民主实践蕴含着求真务实的显著优势，体现出对西方民主模式在内容和效率维度的超越。在内容维度，中国式民主实践始终将目光锁定在人民群众的"急难愁盼"之上。例如，漫步在上海的街头巷尾，处处都能感受到对民生细节的关注。以城市口袋公园的建设为例，市民们向往在高楼林立的城市中拥有更多亲近自然、休闲放松的绿色空间。基于基层立法联系点制度，

---

[1] 林毅：《重塑民主：全过程人民民主对西方民主的超越》，《探索》2022年第2期。

市民们在关于城市绿化建设的法规讨论中积极发声，或是将建议投递进社区意见箱，或是在便捷的线上政务平台留言。这些来自民间的心声迅速汇聚，引起政府的高度重视。随即，相关部门行动起来，组织园林专家、社区代表以及普通市民共同参与研讨，依据不同社区的地形、人口密度等因素，精心规划设计方案。在效率维度，执行高效同样是全过程人民民主的一大亮点。仍然以上海的口袋公园为例，一旦规划蓝图敲定，各部门协同发力、密切配合，在党委政府的统筹下保障项目顺利推进。同时，社区志愿者、居民代表组成监督小组，定期巡查施工现场，对工程进度、质量随时提出意见，形成严格的执行监督体系。经过短短数月，一个个小巧精致、功能完备的口袋公园在城市的角落里应运而生，为市民提供了休憩娱乐的好去处。借助民主制度实践，公共建设项目有条不紊地展开，真切地提升了公众的幸福感和获得感，生动诠释了全过程人民民主的优越性。

（三）包容共享的广泛民主

西方民主虽然在理论层面勾勒出多元包容的美好愿景，但在实际运行中却陷入诸多困境，充分暴露其封闭型精英民主的本质特征。从主体兼容维度来看，西方民主在竞选活动中弊病丛生。各政治派别表面宣称服务民众利益，实际上则将竞选作为政治精英权力角逐的战场。为在选票竞争中取胜，不惜采用极端策略，恶意煽动对立情绪，破坏社会群体间的和谐关系。[1] 以美国为例，在移民政策的激烈争论中，一方为迎合部分选民的排外心理，主张修筑边境墙驱赶非法移民；另一方则为反对而反对，也未能提出切实可行的方案。这使得普通民众被卷入政治纷争，种族、阶层矛盾不断激化，弱势群体的合理

---

[1] 倪春纳：《西方国家的民主何以衰退：基于对美国政治极化的分析》,《江苏社会科学》2022 年第 5 期。

诉求被长期搁置，所谓的多元包容在现实政治博弈中成为无法实现的口号。在程序公开维度，西方民主同样面临着严峻挑战。由于大量关键信息被强大的利益集团牢牢掌控，普通公众难以获取全面、及时的信息，公共政策制定被圈定在小范围内部。以公共规划听证会为例，名义上虽然向公众开放，但是参会人员多与利益集团密切相关。即便少数人有幸参与，他们的发言也常常被忽视，无法对关键决策产生实质性影响。这种信息的不对称和参与机制的不合理，导致民众只能被动接受精英阶层传递的有限信息，自身的诉求难以在政治决策中得到体现。上述内容充分表明西方民主在保障人民知情权方面存在严重不足，民主程序的公正性和透明度亟待提升。

有别于西方民主，全过程人民民主具备着和谐共生的显著优势，体现出对西方民主模式在主体和程序维度的超越。一方面，全过程人民民主依托多元、智慧的平台体系，实现民意吸纳的整合化。具体来说，各种实体平台扎根基层，例如遍布上海各区的人大代表之家、政协委员工作站、社区睦邻点等，它们成为公众日常发声的"扩音器"。与此同时，由于坚持中国共产党的领导，党的领导成为各种声音汇聚在一起的坚强保证。作为最广大人民利益代表者的中国共产党能够发挥民主集中制的制度优势，在广泛吸收各方面意见之后，彰显党领导下的人民主权。由此，整个社会团结凝聚在党的领导下，社会各方面的事业发展并不会因为彼此之间的对立分化而受到影响。另一方面，全过程人民民主注重权力的公开运行，切实保障人民群众的知情权、参与权、表达权和监督权。在重大市政工程实施过程中，从项目的初步设想、规划设计，到具体实施环节，每一步信息都能够通过相应的渠道及时反馈给民众。线上，通过政务网站、官方社交媒体账号实时更新动态，详细解读工程细节；线下，社区公告栏、市民座谈会全面铺开，让民众近距离接触项目内容。民众不仅能全程参与讨论，提出自己的真知灼见，还能在施工过程中发挥社会监督的力量，监督工程的质量与进度。在此过程中，一旦发现问题，随即可以通过制度化的渠道予以反馈。

（四）灵活迭代的优质民主

在全球政治格局的长期演进过程中，西方民主模式曾在相当长时期内被众多国家奉为典范。其中，有将西方自由民主制度视为"历史的终结"这一观点，在一定程度上反映了过去西方民主模式在国际政治话语体系中的主导地位。然而，时过境迁，近些年来西方民主却陷入了自我僵化的困境，其潜藏的诸多弊端日益凸显。从制度架构层面剖析，西方民主长期秉持着三权分立、多党竞争的核心架构，历经漫长岁月几乎未曾有实质性变革。但是，在人类经济社会迅猛发展的当下，这种陈旧的制度体系难以适应新的形势需求，制度更新的滞后性愈发显著，进而成为国家治理效能提升的掣肘因素。以应对全球气候变化这一关乎全人类命运的重大议题为例，由于传统能源利益集团在其错综复杂的政治体系中根基深厚，凭借雄厚资金大肆游说政客、进行政治献金，给新能源政策的推行造成障碍。这使得西方国家即便在理念上认同绿色转型的必要性，却因体制上的重重难题，无法迅速且有效地整合各方资源，形成统一、有力的应对行动。与此同时，西方民主所自诩的纠错机制在现实中也暴露出严重的失灵问题。当面临贫富分化加剧、社会流动性降低等深层次的社会沉疴时，各政党为维护自身选票根基，陷入相互攻讦、推诿责任的泥沼，始终无法提出能够从根本上解决社会矛盾的有效政策。长此以往，社会阶层间的撕裂愈发严重，民粹主义借此滋生并迅速蔓延，公众的不满情绪极易被极端势力所利用，西方民主实践的稳定性会受到严重冲击。

区分于西方民主，全过程人民民主具备持续完善的显著优势，体现出对西方民主模式在架构和特质维度的超越。在制度架构维度，全过程人民民主实践不拘泥于固定的形式，探索丰富多样、灵活多变的民主模式。由此，无论日常还是紧急时刻，都能保障民意畅达、民主不辍。以上海为例，在常态化治理中依托社区议事会、业主委员会、线上民意征集平台等多元渠道，让民众全方位参与社区事务管理、城市规划发展。例如，通过社区议事会，居民们为社区环境美化、文化活动开展出谋划策。中国社会主义民主呈现出动态优化、与时俱进的特质，能够有效适应经济社会发展环境的各种挑战。具体言之，则是依据社会经济发展进程与民众需求的变化，持续完善人民当家作主的制度体系。例如，在基层治理中，社区及时修订自治章程，优化养老服务供给流程，增设老年助餐点、居家养老服务项目，提升老年人的生活质量。此外，构建起新型民主反馈机制，通过大数据分析、市民热线、基层调研等收集民意，精准定位城市治理痛点、难点。由此，民主制度在动态优化中保持活力，高效回应民众的期待。

四、推进全过程人民民主的未来进路

作为全过程人民民主的首提地，以及中国超大城市的典型代表，上海在民主实践方面进行了多维度、深层次的探索，其价值与意义深远，不仅为城市治理注入强大动力，也为我国民主政治建设提供了宝贵经验。尽管如此，民主模式的完善是一个永无止境的过程，上海推进全过程人民民主仍面临着一些需要着力解决的问题，从而也为实践探索和理论更新留下足够的空间。展开来讲，上海可以通过打造协同平台，强化各民主实践环节的整体协同，打破内部壁垒；通过激活公众主体意识，营造宽松制度环境，激发民主活力；通过完善制度架构，进一步优化顶层设计与微观程序机制；通过借助数字技术，完善数字基础设施，拓宽民主边界；通过深耕基层，强化基层民主实践，夯实民主根基。展望未来，上海将会继续深化全过程人民民主实践，持续优化民主参与机制，进一步提升民主实践的效果和质量，为中国式现代化的民主发展贡献更多智慧和力量。

（一）串珠成链，强化整体协同

当前，上海虽然已经构建起丰富多元的民主实践形式，如基层立法联系点、人民建议征集、社区自治等，但是这些实践在一定程度上仍处于"孤立分散"的状态。具体来说，社区自治聚焦居民协商、基层立法联系点关注法规适配、人民建议征集汇集民意诉求，然而各环节间信息流通不畅、协同不足，可能会导致公共决策的方案缺乏连贯性、民意反馈滞后等问题。未来，上海应打造统一的民主实践协同平台，打破部门、层级壁垒，实现数据共享、流程互通。为此，其一，需要强化整体协同，保障各环节之间的有机衔接[1]。在民主选举领域，进一步细化选举条例，明晰选民资格界定、候选人提名流程等细则，确保选举公平公正、阳光透明。在民主决策领域，制定详细的公众参与决策法规，明确公众参与决策的法定途径、效力保障。在民主管理领域，完善社区自治、企事业单位自治等相关规章，保障公众在日常事务管理中有章可循。在民主监督领域，强化监督法规建设，细化监督主体权责、监督流程。在民主协商领域，出台专门的协商规程，明确协商议题选定、协商主体构成、协商成果转化等关键议题。

其二，要搭建多元参与平台，助力公众全流程深度参与。在基层

---

[1] 王炳权：《以民主推进治理：全过程人民民主赋能基层治理的逻辑理路》，《行政论坛》2024年第1期。

社区，构筑"民主家园"，以社区议事厅、业主委员会等为载体，推动邻里间就环境整治、设施建设等问题共商共议，实现社区事务的自我管理、自我服务。在行业内部，搭建产业协商联盟，推动企业、员工、行业协会围绕产业发展政策、劳动权益保障等议题深入交流。由此，民主的每一个环节都得以紧密相扣，汇聚成推动城市发展的强大动能，切实保障人民当家作主的各项权利落地生根。与此同时，还需要强化部门协同联动，凝聚各方合力。在市级层面，可以建立跨部门的民主推进领导小组，涵盖人大、政协、政府各职能部门、社会组织代表等，定期召开联席会议，统筹协调全市民主实践工作。在区级层面，构建区域民主协作网络，各区结合自身发展特色与需求，相互学习借鉴，联合开展跨区域民主项目，实现资源共享、优势互补。在基层一线，强化街镇、社区、企业之间的联动，通过党建引领等机制，推动各方共同参与社区治理、民生改善等民主实践，持续提升城市治理的科学化、民主化水平。

（二）内生驱动，激发民主活力

推进全过程人民民主，需要激活公众主体意识，推动民主实践从"要我参与"转变为"我要参与"，为民主实践提供源源不断的生机和活力。[1] 当下，上海的部分民主实践存在"被动参与"现象，公众的参与热情未被充分激发。对此，其一，要大力培育民主文化土壤，增强公众的民主意识。广泛开展民主文化宣传活动，利用社区文化中心、图书馆、博物馆等公共文化空间，举办民主知识讲座、民主实践案例展览等。由此，让市民在潜移默化中提升民主素养，激发他们参与民主实践的自觉性与主动性，使民主成为城市的精神标识与市民的

---

[1] 张明军、李天云：《全过程人民民主制度优势转化为治理效能的实践导向与优化路径》，《学习与探索》2024年第2期。

自主价值追求。对在社区治理、政策建言等方面表现卓越的个人和团体予以表彰与奖励，形成良好的示范效应。可以在有条件的地方探索民主参与积分制，公众参与立法意见征询、社区志愿服务等活动可累积积分，兑换公共服务、文化产品等。由此，让参与者收获实实在在的"民主福利"，形成民主实践的正向激励闭环，充分释放公众参与潜能。可以鼓励居民自发组建"家园施工队""创意智囊团"等自治团队，从社区空间改造、文化传承到服务优化，倡导自主规划、自筹资金、自行实施，锤炼公众的民主品格。

其二，为民主实践营造宽松包容的制度环境，构建共建共治共享的城市治理共同体。进一步发挥好基层立法联系点、"家站点"平台、人民建议征集等平台的作用，简化参与流程，提高意见反馈效率，让公众切实感受到自己的声音能够被听见、建议能够被重视。将公众提出的有价值的建议及时推送至有关部门，并建立快速回应机制，实时跟踪反馈处理进度。完善权益保障机制，确保公众在民主参与过程中不受无端的干扰，充分保障其合法权益。同时，鼓励社会组织、志愿者、企业等多元主体在党组织的领导下积极参与民主实践，形成合作共赢的良好局面。具体来说，要强化基层党组织的引领作用，发挥党组织的战斗堡垒功能，引领民主实践的方向。发挥社会组织的功能，为其提供资金扶持、专业培训等保障，使其在养老服务、环保公益、社区营造等领域发挥专长，承接公共服务项目。注重发扬志愿精神，为志愿者在民主治理实践中搭建便捷多元的参与平台，通过建立志愿者激励机制，推动民主实践中涌现出更多的好人好事。针对企业具备的资源优势，可以在党组织的积极协调下为企业参与民主实践提供政策咨询、项目对接等机会，促使企业在回馈社会中提升品牌形象，实现经济效益与社会效益的双赢。

（三）织密网络，完善制度架构

实现全过程人民民主，离不开制度保障的进一步夯实，因此要完善全过程人民民主的制度体系。[1] 当下，上海的民主制度虽然已经涵盖诸多领域、诸多层级，但仍存在一些制度缝隙与有待细化的空间，规范化水平仍然有待提升。对此，其一，着眼于宏观层面，强化顶层制度设计的系统性与前瞻性。人民代表大会制度作为我国的根本政治制度，要进一步巩固和拓展。优化代表选举机制，让选民与人大代表的联系更加紧密，有助于人大代表更加精准地传递民意。与此同时，强化人大代表的履职监督，促使人大代表时刻心系群众。推动人大代表接受公众的评议和监督，对于不称职、不合格的人大代表及时予以罢免，让人民代表大会制度在公众检验下保持活力。政治协商制度也要不断创新发展。具体来说，要拓展协商议题的广度与深度，从城市发展战略到民生细微之处，都可以纳入协商范畴，确保城市发展的方方面面广纳群言。四川的"请你来协商"平台精心选择协商议题，注重挑选与民众生产生活相关的议题进行协商。[2] 对此，上海可以结合自身实际，对比两地的政协协商模式差异，吸收其他地方的长处，改进自身可能存在的不足。同时，需要创新协商形式，强化线上线下结合，开展远程协商、网络议政，打破时空限制，让更多委员、专家与公众参与其中，汇聚各方智慧。基层群众自治制度也要进一步夯实筑牢。要完善社区"三会"制度，规范会议流程，提升居民参与质量。值得注意的是，在业主大会、业委会选举等关键环节，有必要加强指

[1] 陈亮：《全过程人民民主的逻辑理路、比较优势与实践路径》，《内蒙古社会科学》2022年第2期。

[2] 朱凤霞：《全过程人民民主视域下的人民政协职能拓展——基于四川"有事来协商"平台的分析》，《中州学刊》2023年第6期。

导与监督，确保公平公正。建立健全居务、村务公开制度，利用数字化平台，实时公开收支明细、项目进展，使基层民主自治更加完善。

其二，聚焦于微观层面，优化创新民主实践的程序机制。一方面，要加强各项民主制度间的协同联动。可以尝试构建人大、政协、基层自治组织的常态化沟通平台，在重大决策、立法过程中，各方协同调研、联合听证，促使在制度配合下顺畅传递民意。具体来说，基层自治组织可以组织居民坐到一起，提出各自不同的意见。政协加大组织专题调研力度，联络界别群众，提出专业建议。人大在听取基层自治组织收集的建议之后，同政协展开交流商榷，进而汇总民意、推动立法进程。由此，经过多方协作，共同为城市发展的民主决策保驾护航，编织出一张紧密高效的民主制度网络。另一方面，在法治轨道上推进民主同样十分重要。要加强民主制度的法治化、规范化建设，将民主实践的各个环节纳入法治框架，明确不同参与主体的权利义务、程序规范。强化法治宣传教育，提升人民群众的法治意识，让群众知法、守法、用法，在法治保障下充分行使民主权利，确保权利与义务之间的均衡发展。

（四）数字赋能，拓宽民主边界

数字技术的出现为民主的真正实现提供了便利的条件，数字赋能表现在全过程人民民主的各个环节。[1] 在当前数字化浪潮汹涌的时代背景下，上海需要紧紧以数字赋能为动力引擎，全力拓宽全过程人民民主的应用边界。其一，要努力完善数字基础设施建设，筑牢数字民主的发展根基。具体来说，在市级层面打造"城市大脑"，形成集政策发布、民意分析、决策监督于一体的综合性数字民主中枢。在社区

---

[1]　汪仕凯：《全过程人民民主研究手册》，上海人民出版社 2024 年版，第 285 页。

层面，加大对智能终端设备投入，建设集信息公示、民意收集、在线议事等多功能于一体的智能互动大屏。借助信息化工具，居民可以便捷查询社区事务，参与热点议题的讨论，足不出户就能表达诉求。同时，在政务服务领域，要持续优化"一网通办"平台，持续完善电子证照、电子签章等应用，利用数字技术提升办事效率与民主参与便利性。此外，有必要整合分散于各部门的数据资源，打破信息孤岛，构建统一大数据中心。由此，实现数据的跨层级、跨部门、跨区域、跨业务共享，为民主决策提供海量精准数据支撑。

其二，基于数字算法精准分析民意，提升民主质量。在民意感知方面，可以通过自然语言处理、情感分析等技术，深度挖掘"12345"市民服务热线、网络理政平台等渠道的海量文本数据，提前了解公众对住房、教育、医疗、养老等领域的需求和痛点。在决策咨询方面，运用大数据分析技术，在重大项目决策前精准筛选利益相关群体，定向推送调查问卷，获知决策实施可能会引发的反响。在政策执行方面，运用智能推荐系统，向市民精准推送决策方案、决策分析等内容，尽可能获取公众的执行同意。与此同时，需要强化数字技术的亲民性，提升数字民主的温度。针对老年群体、弱势群体开展数字技能的相关培训，通过在社区开设"数字课堂"、志愿者手把手教学等举措，帮助他们跨越数字障碍。考虑在公共场所例如政务大厅、社区服务中心，增设智能设备引导员，为有需要的市民提供必要帮助，推动数字技术成为民主参与的便利工具。优化数字交互界面，以通俗易懂的可视化方式呈现复杂政策信息，让公众能够轻松进行理解。利用虚拟现实（VR）、增强现实（AR）技术打造沉浸式民主体验场景，让公众直观感受城市规划、项目建设等实施效果，提出更加具有建设性的意见。

（五）深耕基层，夯实民主根基

基层民主是全过程人民民主稳固发展的基石，发展全过程人民民主必须要拓展基层民主的发展空间。[1] 只有将深耕基层作为关键着力点，狠抓基层民主，才能确保全过程人民民主的发展不会脱离轨道。对此，其一，要着力强化基层民主实践，推动民主制度在基层的巩固落实。努力提升基层的自治能力，加大对居委会、村委会等自治组织的支持力度，完善村规民约等自治章程。在民主制度支撑下，保障居民依规自治，推动社区定期公布公约执行、事务决策等相关情况，并接受居民的监督。由此，激发居民的主人翁意识，让民主扎根一线社区，彰显基层的民主智慧。与此同时，推动基层立法联系点等民主制度在基层的发展完善。具体来说，要持续优化基层立法联系点制度的信息收集与反馈程序，让居民的立法建议能及时上传，民意表达有所回应。针对公众反映强烈的政策问题，有关部门要组织专人进行研判，适当作出政策调整，确保政策法规尽可能符合公众的期待。此外，丰富"家站点"平台开展活动的形式。除常规接待选民外，积极开展"主题开放日""移动接待点"等活动，深入街头巷尾和田间地头，让代表与选民随时随地进行沟通交流。针对人民建议征集，可以在有条件的社区推广设立建议征集分站，配备专业引导员，帮助居民将生活切身问题转化为高质量的建议。

其二，注重基层民主与顶层设计的有机衔接，推动民主的重心下沉。针对重大的发展事项，可以先由基层社区通过议事协商主动收集公众意见，形成详细报告反馈至上级部门。在接收到基层的民意反馈之后，市级层面充分吸纳基层民意，立足全市大局，结合宏观政

---

[1] 桑玉成：《关于发展全过程人民民主的十点主张》，《湖北社会科学》2023年第1期。

策、资金分配等方面统筹政策方案。由此，通过上下联动，形成从基层实践到顶层决策，再到顶层推动基层落实的良性循环。与此同时，可以总结推广基层民主的成功经验，形成基层民主带动顶层设计的良好态势。最后，推动民主的重心下沉，将更多资源向基层汇聚。进一步加强不同民主形式与渠道之间的有机衔接，推动人大代表、政协委员等广泛下基层，为基层开辟更多的民主协商议事渠道。同时，加大对基层的资源投入，包括各种人力、物力、财力资源等，提升基层的服务能力和治理水平。鼓励社会组织、志愿者等积极参与基层的民主建设，形成"四个人人"的基层民主格局，使民主在基层得以落地生根、开花结果。

后 记 ━━━━━━━

　　中国式现代化是全面建成社会主义现代化强国、实现中华民族伟大复兴的康庄大道。2024 年 7 月，党的二十届三中全会对进一步全面深化改革、推进中国式现代化作出系统部署，提出"七个聚焦"的分领域改革目标，强调聚焦构建高水平社会主义市场经济体制，聚焦发展全过程人民民主，聚焦建设社会主义文化强国，聚焦提高人民生活品质，聚焦建设美丽中国，聚焦建设更高水平平安中国，聚焦提高党的领导水平和长期执政能力，从总体上囊括了推进中国式现代化的战略重点。

　　上海是改革开放排头兵、创新发展先行者，在推进中国式现代化中肩负着光荣使命。2023 年 12 月，习近平总书记在上海考察时强调，上海要聚焦建设"五个中心"重要使命，加快建成具有世界影响力的社会主义现代化国际大都市，在推进中国式现代化中充分发挥龙头带动和示范引领作用。

　　为深入学习贯彻党的二十届三中全会精神，深入阐释上海践行习近平总书记嘱托、服务国家战略的创新探索，2024 年 7 月，上海市委宣传部、市社科规划办策划和组织"中国式现代化的上海样本"系列课题研究，对标党的二十届三中全会提出的"七个聚焦"战略重点，遴选知名专家组建研究团队，以市社科规划课题形式开展高质量课题研究，对上海在新征程上推进中国式现代化的实践经验进行理论总结和提炼。设立的 7 项研究选题分别为"推进高质量发展、加快建设'五个中心'""发展全过程人民民主""建设习近平文化思想最佳实践地""创造高品质生活""全面推进美丽上海建设""推进中国特色超大城市治理""走出符合超大城市特点规律的基层党建新路"等。

成果质量是学术研究的生命线。市委常委、宣传部部长赵嘉鸣全程关心指导研究课题的推进工作，要求务必精耕细作、形成高质量研究成果。市委宣传部落实课题全周期管理，在课题启动、推进、结项等环节先后召开多次会议，市委宣传部分管副部长权衡出席并作具体指导，市委党校常务副校长曾峻、市政协副秘书长沈立新、市委政策研究室副主任张斌、市人民政府发展研究中心副主任严军等四位专家全程跟进指导，确保课题研究质量，最终形成本套"中国式现代化的上海样本"丛书，并作为"党的创新理论体系化学理化研究文库"首套丛书。

全过程人民民主是党的创新理论的实践转化，也是上海超大城市治理创新的鲜活实践。全过程人民民主还在不断创新发展之中，作者尝试捕捉其日新月异的发展步伐。因此，本书的分析框架和研究判断中肯定存在不全面和欠准确之处，恳请学术和实践部门的同仁提出批评。作者将继续深耕相关领域，为解读和研究中国式现代化作出政治学者的微薄贡献。作者要向各位领导和专家给予的指导表达深深的谢意。参与本书写作的还包括上海交通大学国际与公共事务学院博士研究生程睿文、史宇璐、吴兵兵，以及硕士研究生艾茹洁、吴书冉、杨佳佳。此外，本书所用图片部分来自网络，有的图片作者未能及时联系到，望能在见书后联系我们。

参与本书组织工作的有市社科规划办李安方，市委宣传部理论处陈殷华、薛建华、姚东、柳相宇等。本书的出版得到了上海人民出版社的大力支持，在此表示感谢。

2025 年 5 月

图书在版编目(CIP)数据

全过程人民民主：中国式民主的新探索 / 彭勃等著.
上海 ：上海人民出版社，2025. -- ISBN 978-7-208
-19573-8

Ⅰ. D621

中国国家版本馆 CIP 数据核字第 2025YT2151 号

责任编辑　郑一芳
封面设计　汪　昊

全过程人民民主：中国式民主的新探索
彭　勃　等著

出　　版　上海人民出版社
　　　　　（201101　上海市闵行区号景路 159 弄 C 座）
发　　行　上海人民出版社发行中心
印　　刷　上海中华印刷有限公司
开　　本　787×1092　1/16
印　　张　15.25
插　　页　3
字　　数　179,000
版　　次　2025 年 6 月第 1 版
印　　次　2025 年 6 月第 1 次印刷
ISBN 978 - 7 - 208 - 19573 - 8/D・4521
定　　价　70.00 元